敬之書話

歷史的深處

向敬之 著

自序

　　新近一年多來，每每走進大小書店，總能看到裝幀各色、開本不一、內容競秀的新書，置於書架，擺在平台，琳琅滿目，層出不窮。但是，粗略流覽，卻發現能長期佔據市場、得讀者滿意者，卻大多為舊書重版、譯著新出，真正具有原創力、思想性、可讀性，能儸人心魂、使人獲益的，不為多矣。

　　當然，在此期內，我陸續看到一些有思想、高品位的優秀人文社科類圖書，如《陳寅恪集》一類大家名士的系列書系，如《觸摸歷史》一類反映五四精神的經典新作。餘暇閒時，我偶爾從一些重播不同歷史、凸顯各種思想的文字中，找尋到或多或少的厚重與慰藉，沖淡留在記憶中的感傷和蒼涼。

　　余世存選擇舉足輕重的歷史人物為經，以近現代進程及發生的前因後果為緯，較為理性地在《中國男：百年轉型中國人的命運與抗爭》的字裏行間，具象化 41 位不同時期、不同地位、不同角色的男人的人生選擇與堅持，較為充分地展示了百年文明轉型中的男性色彩。

　　余氏沒有採取尋根究底地挖掘史料中的情事、隱私的方式，而是遴選在思想上特立獨行的非常人物，並尋租舊式話語，於歷史敘事與冷靜論說之間，解讀晚清、民國史上及當今「中國男」的命運和抗爭，寫他們尋求個體尊嚴的孤傲清賞、理想欲念，寫他們捍衛人身權利的艱難自立、內省外觀，寫舊知識分子們的耿介清正，寫宵小思想者們的褊狹狡點，也寫多種意識形態中的誤會與短視。

　　不論是推動社會進化的知識分子，還是扼殺民主文明的特務青幫，自由的思想，總是在客觀審視、全面考察的維度中，糾正不符歷史的、有失公正的辨識，使那些長期以來頗受爭議、漸遭忽略、已被醜化或矮化的形象，在民族記憶與歷史反思中獲得重新修復。

　　海外華人學者蔡石山長期從事中國明代史研究，在《永樂大帝——一個中國帝王的精神肖像》中，遠紹旁搜，多以史實說話，又深入淺出，頗為耐讀，引我們感受中國歷史的嬗變大道。

　　蔡氏以縝密謹嚴的研究、流暢雋永的文字與大量翔實的細節，把永樂多重面貌勾畫了了，圍繞其成長、等待、皇位競爭、重建政府與政治，以及中興社會和經濟，考察其出身、教育、鬥爭與功績，著重剖析其人格和價值觀，對這一位陰謀篡位、陽謀治國的帝王極富傳統與革新色彩的政治人生，作了描神繪色的刻畫。

　　他從精神分析的視閾，來觀照有人稱為帝制中國最好的君王、有人視作帝制中國最壞的皇帝的永樂，寫實其在殫精竭慮之餘靈魂的不斷掙扎，也反映出他努力謀求國泰民安時愧對侄先帝的精神贖罪，引我們看到了挑戰權威的朱棣如何重塑權威的轉折與進展，使我們認識到明成祖為中國史上少有的一位雄才大略的皇帝，在較深層次看清了他如何肇基永宣盛世的諸多舉措。

　　同時，蔡石山也剖析了朱棣有了錦衣衛再設東廠、用八股文章鉗制讀書人的思想、派太監監軍埋下了宦官亂政的禍根等嚴重缺失。

　　美國北長老會傳教士丁韙良，在中國生活 62 年之久，曾任同文館、京師大學堂的西學總教習，精通中國語言和文學，為當時首屈一指的「中國通」。於 1907 年首版、近日重推的《中國覺醒》，縱橫回顧了數千年中華文明發展進程，著重描述其 1902 年至 1907 年間所親歷的清末新政，並試圖解釋推動中國社會鼎革的潛在因素。

丁韙良對中國地理、歷史的理解與把握，沒有停留在以論代史、以抄代著的層面，而是有效地結合自身經歷和廣泛洞悉，帶著知識分子的使命感和憂患意識，從世界歷史發展全域去觀察中國歷史與命運。

不論介紹哪個省域地區、何代政權人物，他都能說出許多耐讀的內容來，讓我輩不得不驚服於他對中國知識的嫻熟程度。他的敘說，不是平鋪直敘、照本宣科，而是有理也有趣地和西方漫長歷史進行對應的漫談。縱觀近代中國，總是扮演被侵略、被侮辱者的角色。對於傳教士、漢學家觀察中國社會的文字，或晚清以降一些知識分子肯定西方和檢討本國弱點或錯誤的言論，或看成歪理邪說，或視作大逆不道。

如何走出這個思想迷誤，全在於我們在反對侵略、維護主權的同時，開闊眼界，以一懷寬容的姿態去反對一切中世紀制度及其意識形態，贊同用事實說話、辯證研究的學術觀點。

張鳴綜觀相關史料輯要、追憶文章、歷史存檔，及當時人、當時人的長篇短章，甚至是日本人的回憶錄，冷靜解密許多關於五四、少為人知的真實歷史。他結合五四前後的中國社會、軍閥聯繫，從一個新的角度觸摸這段雖已久遠、但仍難忘的歷史，在《北洋裂變：軍閥與五四》中，用詳盡的史料分析、清新的解讀方式，從分析袁世凱時代的北洋軍閥出發，觀察軍閥政權的分化與裂變，引導人們看清軍權管制下的五四現場，以及背後的是是非非與真實，揭示了表面為學生運動的五四運動，在深層次上與直皖之爭、親英美派和親日派之爭密切相關，屬於政治事件的範疇。

張鳴從探索政治要角的當時表現來切入、解讀這一段歷史，沒有大張旗鼓地展示文化與思潮的嬗變、發展，更沒有極盡能事地展示文化大師們的思想紛爭和人格魅力，而是結合最切實際的社會主

政者──北洋軍閥統治和分解，進行平靜的分析及理性的思索。不難發現，飽含一戰勝利狂喜與巴黎和會屈辱的五四運動，激發了中國特色民族主義再度興起，從而加速解構、崩壞了北洋軍閥體系，驚醒了大眾對自我生存與國家命運的醒悟和反思。

此類好書，還有不少，寫真實的歷史和歷史的真實，值得慢慢讀之，雖在繁忙工作之餘，卻讓我感到分外的自由、輕鬆、平靜與快樂。我嚼之有味，品之不疲，猶如夏日薄荷，給人涼爽過後的清神，還有幾縷難以釋懷的韻致；即便在嚴嚴白雪的冬天捧讀，亦是另一番妙趣。

我更期待這一份激發，將強原創的力度與深度，熔鑄思想性、學術性與可讀性、普及性一體，以改變了我焦慮、觀望的狀態，堅定了我檢索新書老書的決心。

在我年輕的心靈深處，能不斷對生活和閱讀產生新的感受、新的發現、新的錯愕，及想來想去卻想不出如何說完的快樂、精彩和依戀，而它們確是不時為我散發出善美清心的一種時代基調。

新近閒暇，追思往事，雖不無艱難、困惑和駁雜，但亦是豐富、多元而清醒。即便是 2011 年 4 月提前結束那些尷尬，暫時離開了鍾情八年、戀愛二千餘日的圖書出版，也有不少感傷和蒼涼之外的期待、歡欣、掙扎及慰藉。

這是我的一段刻骨銘心的歲月和歷史。

曾想過不將書評書話裒輯成集，卻還是靜靜寒夜，想對過去做一個交代和完結，重新開始。時過境遷，時不我待，也莫由追悔。姑且把近三年所發部分文字，挑出一些，近二十萬字，借曾刊於一家讀書內刊的讀書筆記，稍作補綴，權作無需序言、不算真序但又自序的一點解釋。

目次

淮河岸邊的中國歷史 11

貞觀盛世前的鐵血征程 16

梁山好漢也是正常人 21

操弄權力、陰謀和無賴行徑的高手 27

鐵屋子裏的權力人生 32

在突破中找尋女權平等 36

看史景遷講張岱的故事 42

沒落王孫的偉大崛起 48

重構康熙大帝的心靈筆記 52

雍正的悲哀與乾隆的無奈 57

文明轉型中的近代中國男人 62

書生報國的中興挽歌 68

恩怨留與後人說 73

狂歡過後成祭品 77

「中國通」的中國情結 82

革命浪人 87

馮自由追憶辛亥前 93

林百克筆下的孫逸仙 98

歷史弔詭中的沉痛與失落 103

北洋軍閥與五四運動的深層關係 109

複雜的領袖，保守的革命者 114

民國狂士的性情與風流 120

「後院」中的點點滴滴 125

中國歷史中的「我」與「他」 131

跨越生命巨流的對話 136

等待團圓的生死別離 142

抓住情愛的軟肋 149

缺席者不會永遠失蹤 153

被遺忘的雙語作家 157

誰在回憶八十年代那輩傑出的詩人 162

追憶舊事的歡欣和痛苦 167

香港歌詞史上的精彩 171

美國海外使領館變形記...................................... 176

歷史原來可以這樣讀 180

走近西方文明的源頭 185

那些逝去的英雄們 190

愛因斯坦的無奈與胡佛的瘋狂................................ 197

舞台的真相... 202

湖南特別獨立之根性 206

淮河岸邊的中國歷史

　　到過淮河的人，總會為河中湯湯不息的流水所陶醉，也會被夾岸接連金黃的麥穗、大豆、高粱及水稻吸引。千百年來，悲歡離合，喜怒哀樂，酸甜苦辣，生死婚娶，此起彼伏，一一演繹、嬗變成淮河的歷史，又慢慢流蕩、輾轉出趙焰《在淮河邊上講中國歷史》（廣西師範大學出版社 2010 年 8 月版）時的雅興和熱情。

　　趙焰熟稔中國歷史和人物掌故，不但寫出了《晚清有個李鴻章》、《晚清有個曾國藩》、《晚清有個袁世凱》，讓我們在一個獨特的視閾中，感知了一組與眾不同的群像解讀，更是用包涵《思想徽州》、《千年徽州夢》、《行走新安江》的「徽州三部曲」，使我們不得不信服這位皖中學人思想上的精深、文字裏的流暢、視野中的開闊。他有著強烈的傳統情結，無論是論說晚清人物，還是綜述徽州風情，或是紀事皖地人文，都滿懷摯愛、飽含真誠又保持清醒，以一種開放的姿態，解構歷史背後的失落和迷惘。

　　趙焰多次經過淮河，但機遇不得，總是匆匆離去。終有機會，暫作停留，他疾走漫步，試圖用流利的文字同清晰的方式，解密散失在美麗淮河深處的豐富內涵，找尋與之相關的故人軼事，盡力去縫合中華民族瀕臨斷裂的民族記憶。

　　在淮河邊上漫談中國歷史，自然少不了走近不同時期的風流人物。他們串聯而接，分工而作，躍然而出，其中有問鼎天下的夏禹、項羽、曹操、朱元璋，有封侯拜相的管仲、黃歇、劉安、歐陽修，

有大智大賢的老子、莊周、華佗、嵇康，還有第一個出身卑賤而振臂造反的農民憤青陳涉、第一個寫中國農村榮膺諾貝爾大獎的西方作家賽珍珠，以及持一塊醜石創造靈璧石大身價的當代商人李富貴……他們或是喝著淮河水長大的本土人，或是客居淮河岸邊而夢牽魂繞的外鄉人。他們對淮河的廝守與真愛、抱負和期待，都被趙焰寫入了映藏明與暗、名與實、道與德、水與人、情與利、暴與亂、愛與怨、幻與變、詩與劍、藥與酒、狂與狷、儒與道、歌與城、靈與愛、石與鬼的敘述、評說與喟歎中。

趙焰邊走邊看，邊想邊寫，寫出的故事，雖非驚魂動魄，但也傾心動情。時而逸興遄飛，擇一處荒蕪，拍幾幀相片，以為對驚喜與傷痛的緬懷同佐證。

因朋友鮑牙鼎力舉薦，管仲得到了故仇人齊桓公的重用。這個非儒非道亦非法非墨的思想自然主義者，憑藉才智果敢，注重經濟，反對空談，主張富國強兵，促成了齊公為春秋第一霸主的地位，也擒獲了「春秋第一相」的美譽。他在修齊治平上屢創佳績，但高居尊位，卻未能將廉政從自身做起，甚至匪夷所思地在淄博設立七百處妓院，以鼓勵商業。如此作為，難怪儒家聖人一脈「瞠目結舌」，而使後人時有訛議，屢有齒冷，低估了其開拓政治局面、推動歷史發展的功業。

同為淮地土著人士，莊子的理想和思想，確是另一番模樣。他與先輩老子，皆為著名的空談人士。雖都有許多影響當時、傳誦今日的睿思哲理傳世，但每每遇及朝廷招聘延用，總是想方設法地臨戰脫逃。也許他早已看破了仕途險惡，能如水一般汪洋肆虐、煙波浩渺，似水一樣儀態萬方、自由灑脫，卻很難為時人的安居樂業、幸福美滿，多做幾分實際的工作。莊子虛擬自己死了，化作翩翩而舞、栩栩而飛的一隻蝴蝶，帶著善良、自由與趣味，在萬花叢中飛

來飛去，而其在現實中的作為，卻不能與頗有爭議的管子，望背相論，同日而語。幸好莊子最後沒有羽化成蝶，而有一卷精彩的文字，暫時蓋過了管夫子的名氣。

　　楚國令尹黃歇沒能像管仲一般以榮華善終，曾有一番作為，但因晚年消沉放縱、利令智昏，聽信投機分子李園的謊言，臨時寵倖李氏妹妹使之懷孕，後將與其信誓旦旦的李美人獻與他曾忠心不二的楚王，慢慢做起了楚天下將來歸己所有的美夢。怎知李氏兄妹得勢，即刻一個回馬槍，使可憐且可憫的春申君眼睜睜地欣賞滅門之災，同時也只好永遠地屈居為「戰國四公子」之末。其後世鄉人曹操，一邊揮鞭四野八合，一邊吟唱短句長章，樂意戴著「奸雄」與「魏武」的帽子，越過無數塚中枯骨、寰間陳俗，引來後代史家學者研究不斷、爭論不休。這樣的光彩和精彩，斷然不是幾許邪念隱惡所能成就，需要的是大智慧、真能耐。即便考古業熱鬧、盜墓者蜂擁的漫長歲月中，黃氏的墳塋，也只孤零零地坐落於淮河邊，無幾人辨識；而曹公設置七十二疑塚，使後人覓蹤其一，便炒得沸沸揚揚。

　　孤單的墓葬，躲藏在淮河邊的斜刺裏，少人問津，無人祭拜。雖然不少墓主曾一時叱吒風雲，或千年傳唱不歇，如秦末農民起義領袖陳勝、楚霸王最鍾愛的虞姬，但在今日，其墓地除了百十方土磚圍了一杯泥土、鄰幾樹松柏外，就沒有什麼其他可作描寫的實景了。趙焰努力在史料中挖掘資訊，重溫傳主們當年的故事佳話，但很難驚醒現代人保護與珍視的意識。不少地方，為借助古人舊跡，大打旅遊品牌，全憑某人一句詩文、一段臆想，便將屈原故里、赤壁遺址等，弄出數處，便大肆渲染、胡亂炒作。抑或有關方面不惜鉅資，爭搶古夜郎國、西門慶故里、孫悟空老巢之類的假譽虛名，全然不顧歷史的真實同文藝的虛無。

　　悠悠淮水流千載，代有風雨出英才。他們對這一片熱土地，情有獨鍾，無限熱愛。歐陽修雖只貶謫潁州一年時間，卻被當地的山水人情徹底地迷戀了。他轉任他地，也忘不了斯水斯人；他升任副宰相，也時刻想到彼情彼景。那裏有他在詩中連篇懷念的牽掛，有他苦苦追尋的輕盈歌女，有他寄情老莊、忘懷仕途的智慧與無奈，有他英年皓首後的醒悟和開心。從鳳陽走出的小和尚朱元璋，本帶著恩澤故里的一片善心，欲把老家修成中都皇城，怎知鄉黨不領情，既懶於為之守皇陵，而疏於種植而盡荒廢田地，且挖空心思編著歌謠，謾罵他們的老鄉皇帝，這一罵就是數百年。

　　賽珍珠在中國生活了許多年，收穫了並經營著持久不渝的愛情，著述了且傳播著堪稱經典的《大地三部曲》。她寫中國農民貧窮、困苦、麻木與富裕後的墮落，寫北方農村艱難、災禍及無可奈何。她忍受過中國學者對其小說細節的質疑，正視著魯迅對其小說的批評，但，在宿州的生活，讓她深切地感受了淮河岸邊中國人的艱辛、頑強與執著。她死後，在美國賓西法尼亞州費城附近青山農場的墓碑上，銘刻的只是三個大大的篆體中文字──賽珍珠，而非英文。由此而見，一直引中文為母語之一寫作的賽珍珠心中，有著一種怎樣的中國情結。

　　在趙焰內心深處，同樣有著無法割裂的中國情結，這是充滿許多歡欣與希望的民族傳承，也是涵泳濃烈期待和殷切憂慮的文化思考。他寫淮河邊上那些人事，卻沒有在水的影子中矻矻尋找迷離的內容和精神。在他的思維中，也在我的認識裏，水是仁的寫意、智的源頭，無窮無盡的關於水的意想同回味，自然引發無限自由的人事和期待。淮河邊上如此。黃河、長江邊上，或其他有水的地方，也都有著說不盡、論不斷的過客與陳事。他為解讀漸已為人淡忘的

歷史記憶和風雲人物，欣然走近佈滿苔蘚野草的故人舊跡，甚至滿懷真情和清醒地重提少為人知的真實，臧否人物遠見短視，剖析人性缺失方圓，讓人隨其《在淮河邊上講中國歷史》的節奏與步伐，感知有趣的古人以水為師、傳承老莊的聰明和反叛。

　　遺憾的是，趙焰談及淮南王劉安之父劉長事蹟時，存有訛誤。文中寫道，劉長「十二三歲陪同漢文帝打獵歸來」，途徑審食其府，便入內將審氏殺死。審氏為劉長所殺，確是不假。趙氏已將劉、趙二人仇怨的來龍去脈作了生動的交代。但是，劉長生於西元前 198 年，至文帝即位（前 179），至少有 19 歲，而殺審氏為西元前 177 年，是時的劉長已有 22 歲。另外，劉長於西元前 174 年自殺，年僅 25 歲，非「二十八歲」。如此常識錯誤，實屬不該，有待作者或編輯改訂時，重查史料修正之。

（原載《中國圖書商報》2010 年 9 月 28 日）

貞觀盛世前的鐵血征程

　　唐朝的建立，李建成是立了大功勳的。不論李世民成為決戰玄武門的勝者，還是唐太宗締造貞觀之治的千秋盛世，都無法改變李建成在隋唐鼎革大變局中的獨特地位。史上的李建成，並不是史書上隻言片語所描述的宵小之徒，他打下了西河，擋住了屈突通，率先攻入長安，在李世民討伐王世充時防禦突厥，在李世民征討竇建德時平定稽胡，為李世民迎擊劉黑闥不利後徹底戰敗劉部，且在治國理政上，設計並大力推行著名的均田制，進行魏晉以來的土地改革，施行租庸調制保障了農民的生產時間，「為大唐一統天下奠定了堅實的物質基礎和經濟基礎」……他有著李世民一樣強勢的能耐，李世民的武功大業中也有他一半功勞，他甚至對後來的貞觀之治也奠定了堅實基礎。但由於《舊唐書》、《新唐書》和《資治通鑑》在主流意識形態的干預下，李建成只能隱息在千古一帝李世民的陰暗面。

　　這些，在北溟玉《天可汗李世民之血色玄武門》（萬卷出版公司2011 年 10 月版）中有一個中肯的敘述，同時，北溟玉也挖出了李世民登基後，強制史官修改起居注的事實。繼承父業成為天下第一人的李世民，雖然不再懼怕老大李建成來搶龍椅，也不需擔心四弟李元吉在宴會屏風後埋伏殺手，但他還是憂慮隨侍史官秉筆直書其獲取帝位的真實歷程。他一而再、再而三地威脅褚遂良交出起居注，拒絕臣下對尊重歷史的諫議，最終迫使房玄齡想著法子刪出一冊實錄呈閱聖目。

　　李世民是想看其文治武功的輝煌成就，被史官們怎樣鋪陳描繪。他求劉文靜、請裴寂，鼓動父親李淵造表叔兼岳父家的反；他有謀略、收人才，四處征戰、八方討伐，擊潰了其他正規軍、雜牌軍；他打著喜好文學、推崇學士的幌子，未雨綢繆地幹起了選擇能臣幹吏、制定治國方略的準備工作……站在中國歷史的發展進程上來看，他確有大書特書的種種功績。

　　然而，他最想看的，不是這些，而是他在爭取權力時，對兄弟、父親以及不少功臣幹將，痛下殺手的系列計劃：他激發謀士打手的最大憤怒，在玄武門狙擊了同父同母的親兄弟；他借著手下攻城略地的軍威，直接代替皇帝老爸執政；他憎恨愛卿魏徵曾將奏議交與他人，在其死後，終止原定的聯姻協議；他最倚重的「房謀杜斷」主角，也先後被使之尷尬地病逝……可笑的是，他將親兄弟們的子女誅殺乾淨後，又派自己的兒子兼祧大哥的爵祿，強娶弟媳婦生子後承繼四弟的封號。他執導了親情讓位權勢、明君遮罩賢臣的歷史，又害怕後人笑話他主演的倫理醜劇、歷史正劇。他需要看到其是為了他國家百姓而不得已的另一個版本。

　　我們不能因為李世民建造了貞觀之治的大業，而忽視其對於權力、地位、美色、名聲存有的激烈欲望和正常人性。李年紀輕輕，領兵反抗昏君楊廣治下的亂世，不辭辛勞，無畏犧牲，蕩平諸雄割據的殘局，確是為了蒼生黎民，為了實現「經世濟民」。他最初不能說沒有做太子、坐龍椅的想法，不然，他不可能在有大其十歲的兄長的事實下，三番五次地冒險憑藉兩三萬兵馬同尚且強大的朝廷、各路反王義軍抗衡。面對高高在上、赫赫炙人的皇帝寶座，他也會動心。即便最初是朦朧、懵懂的，沒有多少激進思想，但他手下那

幫赳赳武夫、恂恂良臣，也會叫囂著跟老闆謀最大的福利，封妻蔭子，成為太陽底下最尊榮的勳貴。

他善於身先士卒，禮賢下士，在戰火的洗禮下，打殺成屢戰屢勝的天策上將。他敢於使用降將歸士，使屈突通、秦叔寶、程咬金、房玄齡、杜如晦們心甘情願地為他賣命，為他一再冒天下之大不韙。他禮遇尉遲恭，甚至想將小女兒下嫁給這個老黑做妾，換來了尉遲敢搶去李元吉的長槊，拒絕李建成的幾車金銀珠寶，赤身迎戰單雄信的鋒利銀槍，在玄武門替主背上了殺兄誅弟的惡名。

李世民在征戰場上驍勇善戰，在父皇敕令回師的情勢下，使用數千兵力在武牢，出奇地剿滅了竇建德的幾十萬大軍，又快速收降了曾圍攻一年不下的王世充們。他在向皇權龍椅進軍時，設計楊文幹謀反來栽贓大哥圖謀另立，在弒兄奪位前向父進言兄弟同姨娘淫穢宮闈……他在李元吉的一次宴請上，貌似飲酒中毒，但我們結合前後想想，身患劇毒的他又怎能三天後在玄武門揮劍殺戮。另外，李元吉再壞再笨，又怎會在自家宴會上毒害親哥哥。不論老大許的皇太弟如何有誘惑力，諒他還不敢在李淵還不昏庸、秦王府虎視眈眈的現實面前下手。這說明一點，李世民所中之毒，是自己下的，且事先服了解藥，不然他怎能逃離齊王府的殺手，怎還能顛簸一段路程後回到家中引起李淵的注意。

在李世民開啟貞觀序幕前的十餘年，他始終是鐵血征程上的闖將。無論是對敵人，還是親人，或是友人，他都能慘酷地下手。他的勝利，在某一程度上，又得力於李建成的忍讓，李建成曾多次阻止李元吉佈置的殺手。同胞之情，骨肉之親，使文武兼備能上馬征戰的李建成一次次地放過了李世民，使自己成為了權力場上敦厚成怯弱的悲劇人物。後來，李世民的嫡長子李承乾也因襲了類似命運。

　　李氏兄弟在推翻隋朝的生死搏鬥中，德才迥異，和睦友愛，等到分享榮華後，一場血腥、赤裸的權力爭鬥，使他們慢慢忘記了最初的同甘共苦，忘記了不變的血緣親情。他們的父親李淵，面對這權力場上的艱難拼殺與人倫扭曲，無可奈何，無意間也助長了兄弟們繁複的權力博弈。李世民說服他起兵爭天下，他許諾事成後將江山傳給世民；李世民為他東征西討，他給世民秦王、太尉、尚書令、大行台、天策上將和司徒等一系列至高權位；李世民帶兵平叛亂前，他承諾得勝歸來時儲君易位；兒子們矛盾激化了了，他準備讓世民移居東都，可建天子旄旗……周而復始，李世民不再滿足於父皇的空頭支票，他向太子位發出了凌厲的挑戰。而對於嫡長子建成，李淵自始至終都是持支持的態度，先立為世子，再封為太子，不讓他衝鋒陷陣，不怪他蓄兵圖謀，不理他交際後宮。不理智的父愛，讓他的兒子們為了權勢要盡謀略，不斷攻伐，不擇手段，最終釀成兄弟相殘、父子離心的家庭悲劇，也險些使剛剛百廢待興的國家再次陷入大規模的戰亂。

　　對於這段歷史，北溟玉集中矛盾點作了微觀反映和分析，凸顯了中國封建權力場、宗法制社會、家天下傳承的深層和背後。他對李氏父子有細緻的勾畫，以他們情感變遷為主線，對諸多歷史人物和事件，進行了抽絲剝繭地解析，如聰明的李元霸早在隋唐好漢爭霸賽前已死去，秦叔寶、李世勣們數易主公的前後，道士魏徵對政治的熱衷和忠義，文盲農民出身的竇建德對文人的厚愛和善待，裴寂與劉文靜前友後仇的種種，張婕妤、尹德妃支持李建成的欲求背後……這些隋唐之際的大人物，皇帝、親王、權臣、大將、奸佞及其他，在主宰他人命運時，卻無法預算自身的跌宕起伏。北溟玉通俗地解讀這一段歷史的爭鬥與血腥，感傷和蒼涼，且不時引入網路

語、方言，套用現代說法、稱謂，使《天可汗李世民之血色玄武門》中的細節和情節，人物和事件，形象和性格，清新耐讀，躍然紙上。

北溟玉依據史料、軼聞，解密貞觀盛世前的權謀較量、人倫善惡，解開李世民為何干涉史官善惡實錄的真實現場，扯去那一張靈魂醜陋、親情澆薄、手腕鐵血的遮羞布，從而流溢出獨特的輕鬆、自然、道理和趣味，引人入勝。但，讓我納悶的是，此書的情節和發展，基本上和沈曉海、張子健、孫菲菲主演的 2011 年版《新隋唐風雲》（又名《開創盛世》）雷同，此中何故，不得而知。另有不少錯字、說法，如將「珍稀野生動物」寫作「珍惜野生動物」，把「流著眼淚」錯為「留著眼淚」，對「太守」解釋「相當於今天的省長」，將「吏部侍郎」認為相當於「中組部部長」，不得不說是作者、編輯不應該的疏忽和訛誤，不能不警醒親愛的通俗說史者們需重視事實和識見。

（原載《I 時代報》2012 年 3 月 7 日）

梁山好漢也是正常人

　　學者們潛心研究《水滸傳》這部奇書，發現了許多的真相。這些是歷史弔詭、施氏曲筆造成的，但為後來反省和思考梁山好漢的發跡、成長、嬗蛻與歸宿，有了林林總總的猜想與理解。混跡於網路論壇的活躍分子韓立勇，也不例外。他不受已有史觀和特殊意識左右，從當下最為敏感的職場來看待宋江們的風雨人生，不乏情趣、幽默和道理地詮釋《宋江是怎樣當上老大的》（江蘇人民出版社2011年4月版）點滴，從而散發出引人悅讀、耐人尋味也使人稱道的閱讀魅力。

　　宋江原不過是縣政府裏經辦案牘、撰寫文書的小人物，確切的說，還夠不上品秩。然而在短短的幾年，他轉身一變，成為了師廳級高幹。他的華麗轉身，確實花了不少心思，除了從家裏拿出不少老本廣結良緣，還不時借助公務之便、私交之誼，放走違法犯罪的黑社會分子，甚至犯了命案也不忘用自我流放的方式來抬高身價、四處結交。久而久之，他的啃老出血、善待罪犯和假公濟私，為自己塑造了呼保義、忠義黑三郎、及時雨之類的名號。

　　韓立勇從職場上位的角度，把宋江演繹成善於打造自我品牌的策劃師，挖掘出他一以貫之地行使假忠虛義的手段：欣然為採花賊王英說媒作伐，在率眾殺死扈三娘的未婚夫後，再將美女強送給色鬼當老婆；為了得到秦明死心塌地的效忠，在間接害死秦氏髮妻後，立馬用密友花榮的妹妹為之續弦；利用李逵好賭的性格，要麼提供

賭資，要麼計賺人頭，讓那個有些聰明的黑廝只能屈從……他贏得了一大批信徒頂禮膜拜、死命隨從。當他相中某一將來會對己有益的賢能殺手，不惜操作卑劣的潛規則，將徐寧、盧俊義、關勝等人招至麾下。這些看似大仁大義卻隱藏不少污點的義舉，使這個美譽在外、忠義滿身的傢伙，有了讓朝廷關注、百姓好評與江湖認同的資本。

他以宋江的交遊錄、升職記與收編史為主線，將《水滸傳》中的「造反」與「招安」的主題，做了具體的分析。宋江身為官府中的工作人員，知道怎樣去營造、維護自己的聲譽和威信。他向底層活躍群體汲取社會資源，獲取江湖人士的支持和吶喊，奠定了良好的社會定位，即便他殺了人，也可以得到包括縣官在內的一干人等積極開脫。在當時暴力集團掌控社會資源的情勢下，宋江要想鋌而走險地對抗朝廷，或者是打造叫板高層的堅實基礎，那他只能形成自己的暴力團隊。他是一個極其聰明的小知識分子，懂得怎樣去培養親信力量，慢慢地進入社會資源的重新分配。如此一來，他的親疏理論，影響到了梁山集團的利益佔有制度，表面上的大塊吃肉、大塊喝酒的熱鬧氣氛下，排座次、分財富即後來的封官領賞，都隱藏了嫡系與旁支存在區別的潛規則。

這些活躍於叢林世界的所謂英雄，不是大家理解的那樣豪氣干雲。有功夫、有才藝、有技能的專才們，甚至連行雞鳴狗盜之事的小偷，紛紛慕名願為宋江披荊斬棘、架橋鋪路。宋江積極凝聚自己的勢力、黨派和團結對象，一旦進入梁山集團高層，就不動聲色地把董事長晁蓋架空。如要外出攻城略地、搶奪人才、爭占地盤，他都義無反顧地挑起執行總經理的重任。如此一來，他讓大家有目共睹，是他衝鋒陷陣取得了大小功勞，是他第一時間抓住了新人才、

新地盤，也在同舟共濟時贏得了大家的好感與尊重。他的功高蓋
主，自然會遭到老大的猜忌，若無段景住虛言獻馬的炒作和激化，
也會有其他事端為晁蓋出局製造藉口。不然的話，梁山自會起內
訌，要麼自相殘殺，要麼公開造反，就不會有宋江等人盤算招安的
這半場大戲了。現今的安排，是數百年後的施耐庵無法改變的歷史
需要，也為他塑造好漢被國有集團收購打下伏筆。

　　宋江不但有職場特徵，他的權謀，更通用於官場。韓立勇五次
三番的提到官場中的遊戲規則。比如宋江架空晁蓋，可謂一把手成
功的經典案例。再如晁蓋死前，不忘用殺死史文恭者為梁山泊主的
臨終遺命，挑戰和威脅宋江准老大的意圖和行為。但，歷史和施氏
幫助了宋江，讓他艱難地成為了改組後的梁山集團董事局主席。宋
江自知資歷和能力有限，排資論輩不及林沖、吳用進山早，論武比
智勝不了關勝、公孫勝們，按背景身份也不如柴進、盧俊義等顯赫
殷實。怎麼辦？經過一番裝腔作勢的推搡禮讓，他危坐上了頭把交
椅。這還不行，恐有不服火拼，不能在成為王倫第二、晁蓋第二了。
他引進傳言中天罡地煞的邪說，製造使人信服的九天玄女神諭，埋
了石碣再挖出來，古香古色，興起了偽造古董的把戲。他按親疏、
按團體地，將大家分封在董事局內外，盡可能地將直系將領弄進權
力中樞，制約異己分子。此時起，他積極籌劃招安計劃，試圖用帶
大家走出叢林社會、獲得社會資源的方式，讓麾下兄弟、官場中人，
不再在側視、質疑他作為帶頭大哥的膽略和魄力。

　　宋江的村建公司，粗具規模，聚集了各方面的優秀人才，但由
於種種原因一直沒得到國家權力機關認可和認證。他不敢像同時代
的其他人如方臘那般揭竿而起，因為他曾在官場分享過官人的尊
榮。他不甘心做一個民營企業的老大，連忙策劃幾起大型行銷活

動，貌似搶佔糧草、攻略城池，實則告訴當局他已聚眾梁山了。最後，他們乾脆直接挑戰，炫耀無產品展銷的皮包公司的無賴和霸蠻。幾番較量下來，他們終於被收編為保安公司。宋江雖有不少上位術，但缺乏經營頭腦，也不善於開發產品，更不會打造水泊梁山的商業品牌。當然，他可能還念念不忘歌女閻婆惜的香體蠻腰，或眼紅趙家官人幽會李師師小姐的雲雨之樂。他選擇了解散公司，樂意當一個有點小權的軍分區司令員。

但是，女婿受其騷擾而不能升職的蔡太師，胞弟剛剛弄個市長就被其殺死的高太尉，及在其面前損失了不少兵力和顏面的童樞密，自然不會放過這個如今小幹部了。他們依計行事，先是分流送的羽翼，再是逐一迫害，提前將好漢們的富貴夢做了徹底的了結。宋江的死，死於他謀略上位的膚淺和幼稚，死於他熱衷榮華的蒼涼與執著，也沒有引發那些曾被拖下水的呼延灼、朱仝們報仇與反抗。應該說，這些人被迫進入梁山團夥，感激宋江的禮遇，但他們忘不了受侮辱的結義和對國家的忠義。不能否認，他一個其貌不揚的縣衙小吏之所以能受大眾熱捧，一個無可奈何的水泊草寇之所以能名見史冊，一個花拳繡腿的沒落書生之所以能制勝於強敵前……與其不拘小節、放開手腳的事業之心，有著極大的關聯。暫且不論他熱心被招安計劃，出於怎樣的想法和目的，最起碼他那些特立獨行的人生準則：鴻鵠之志、揚名立萬、手舞足蹈、身先士卒和巧奪天工，可為今日奮鬥在職場上的人們的一個借鑒。韓立勇稱這些為做老大必備的殺手鐧，有些道理。

在韓立勇的筆下，禁軍教頭林沖雖然武功超群，但在潑皮首長高俅面前，一直是屈服萎縮形象，即便妻子遭受無休止的凌辱，也甘受其擺佈。潘金蓮是一個敢於追求愛情的優秀女子，命運卻把她

送給一個侏儒，扼殺了她作為一個正常女性需要男性撫愛的權利，她挑逗武松，委身於有些武松模樣的西門慶，這是她瘋狂愛武松而不得的無奈表現，也是對封建綱常極無人性的無力反抗。而宋江是一個英雄，是梁山興亡史的見證。他的忠義和奸險，造反和招安，追求和夢想，專注和激進，均可以在當代職場上找到歸宿。韓立勇揭示「宋江怎樣成為老大」背後的真相，寫他具有「殺人狂魔」「在理想和現實中不斷突圍」的鬥氣。同時，他也不吝筆墨地寫到林沖瘋狂復仇而自甘墮落的小氣，吳用不甘沉淪而忘義趨利的俗氣，武松身陷畸情而屢造血腥的匪氣，李逵拘於恩惠而敢當槍使的痞氣，柴進胸懷大志而難能伸張的義氣，孫新立功不小而遭受排擠的忍氣，朱全遭迫落草而愧對故主的怨氣，以及許多擁有抱負、才能的英雄漢不得不被迫屈從的無奈氣……有不少人為了集結力量，不惜對無辜的小孩、侍女、老人甚至對方製造血案、冤案。對於這些，韓立勇都有不失情理的批判，試圖引人重新觸摸那一段朦朧的歷史。只是他沒有因戲說「水滸」，而過分地壓制梁山英雄對社會公義的嚮往，對壓迫剝削的反抗，對道義和國家的忠誠，以及對傳統倫理道德疲弱得經受不起現實社會挑戰的敘述。

也許宋江們是分不清愛國和忠君的群氓，無法區別君權和國家的不同，只為了心中那一點僅有的歸屬感，而扭曲了自己作為正常人對權威與價值、精神與倫理、物質與實力的追求和守護。他們的造反，是一種無奈的活法；他們的招安，也是一種掙扎的活法。許多年來，在很多讀者、專家的內心裏，梁山好漢是替天行道的象徵，是應天命、石碣而生的天罡地煞，是混亂社會儒家意識形態的真實捍衛者，這樣的活著，似乎帶有一種虛擬的公民社會的奢望。然而，不少人包括韓立勇在內，清醒地認識到他們存在於奴隸時代的掙

操弄權力、陰謀和無賴行徑的高手

　　提起明永樂皇帝朱棣，我們即刻會聯繫上皇皇巨著《永樂大典》的纂修與鄭和七下西洋，同時也會想到朱皇帝通過發起靖難內戰的形式，坐上了侄兒尚未坐熱的龍椅。按儒家正統，此為叔謀侄位、篡國自專，當為逆賊。但當朱棣榮登大寶，自視禮儀為生命的儒家士子們，除鯁直而迂腐的方孝孺輩外，紛紛頂禮膜拜、效忠表誠。

　　姑且不論朱棣權力謀取是否具有合法性，只看其在社會、政治、經濟和文化方面的努力，自是遠勝於建文小帝，殊不知強過多少倍。他在位 22 年，在擔心不知去向的建文帝哪天突然歸來的同時，廢寢忘食，焚膏繼晷，高度集權，把本趨衰朽的封建國體治理得暫時生機勃發。海外華人學者蔡石山長期從事中國明代史研究，寫出《永樂大帝——一個中國帝王的精神肖像》（江政寬譯，中華書局 2009 年 11 月版），遠紹旁搜，多以史實說話，又深入淺出，頗為耐讀，引我們感受中國歷史的嬗變大道。

　　素有學者喜歡為帝王撰寫傳記，但多為從前至後平鋪直敘，稍有波瀾。蔡石山一改以往帝王傳記寫法，以永樂朝廷中具體一天（1423 年 2 月 23 日）的活動場景為開端，寫其四更晨起、沐浴更衣、早餐、乘轎、早朝、坐車、天壇祭祀、禦藥房短暫小憩、午朝、處理公文、參觀馬廄畜舍、和朝廷大員商議國事，直至晚間選擇哪

宮妃子侍寢、睡前閱讀一些文字等，寫得較為詳贍、不蔓不枝，但張弛有度、要言不煩。是時距永樂駕崩尚足不到一年半時間。

蔡石山以縝密謹嚴的研究、流暢雋永的文字與大量翔實的細節，把永樂多重面貌勾畫了了，圍繞其成長（1360–1382）、等待（1382–1398）、皇位繼承鬥爭（1398–1402）、重建政府與政治（1402–1420）和中興社會和經濟（1402–1421），來考察其出身、教育、鬥爭與功績，著重剖析其人格和價值觀，對這一位陰謀篡位、陽謀治國的帝王極富傳統與革新色彩的政治人生，作了描神繪色的刻畫。

自朱元璋稱帝後，雖孔武英明多年，但其為了朱明王朝的生命延續，屢屢製造藉口枉殺曾一同打天下的兄弟戰將，如此舉措，卻為接班人減少了不少幹臣良將。而其所選中的小皇帝除了遺傳父親仁慈孱弱衣缽外，就是將制定政治與軍事政策的權力悉數交與不知謀略治軍的齊泰、黃子澄之輩。齊、黃二氏，雖有不少識見和修為，但不長於管理，而且各懷心思；尤其是黃子澄食古不化，慫恿幼主重拾千百年前的漢代戰略，宣揚天地演化論和聖王概念，大開法律規章的歷史倒車。朱元璋封諸子王天下各地，旨在鎮守朱家天下，而朱允炆上位伊始，不是大削叔叔們的王權封地，就是扣押堂兄弟為人質，甚至脅迫親叔叔寫下誣衊、指控其他叔叔的所謂不法行為，並派員捕殺、迫害不少直系親人。這般愚舉，貌似鞏固虛弱的建文政權，但過分地中傷並非堅韌的家族體系，無疑會激憤於表面恭順、心懷不忿且能力強盛的燕王朱棣。

朱棣經過拘殺監視者、奪北平九門、援祖訓起兵、興靖難之師，三年過去，南面稱帝。但受命於其父的老臣們雖有許多跪而迎之，但亦有不少「奸臣」逆天為之。一場驚心動魄但不可避免的流血政變，

使得膽戰心驚的老燕王新明主不由大開殺戒，株連甚廣，為刑罰史製造了「十族」冤案。不論其後怎樣勵精圖治，拯救了一個剛剛興起慢慢弱化的帝國，但他難得片刻安寧，還想著不受責難做足夠的彌補。

朱棣時常引用秦始皇和漢武帝為教誨範例，也如同二位前輩一般運用鐵腕強制整個國家，多有成效，境內近乎安寧，經濟漸趨繁榮，同時他放棄了隔代師尊們從事巫術和服食長生丹藥的惡行。永樂的政治人生，可以說是中國史上一段富於戲劇性又意味深長的時期，它肇始於名不正言不順的內戰叛亂，也見證了北京城的建造、大運河的竣工、帝國官僚體系的鞏固，以及中國版圖向北方和南方的擴張。朱明政權的國家機器，在永樂皇帝龐大的野心和計劃中，急速運轉，其承繼乃父的絕對主義發展了一個極致，隨意可以罷免一個資深宰輔大員，操縱一切朝廷大事，哪怕是興兵謀略近鄰領土，或數度派人赴東南亞、印度洋宣揚國威。

永樂授命鄭和下西洋，傳言為追殺匿逃在外的建文帝，是否可信，故作坊間軼事，但聲勢浩大地赴海外輾轉幾番，換來了不少珠寶象牙，但沒如後來達伽馬、麥哲倫那般為本國開啟資本主義的大門。

曾驍勇善戰的朱棣鎮守朱元璋的北國，讓父皇甚為安心，但因明太祖信守長子嫡系繼承大統，而使堅強能幹也睿智進取的燕王不得不長期備受冷落和放逐。幾番爭鬥拼殺，永樂終於如常所願，但仍屬違背先皇旨意的謀反篡位，即便是他用武力威權懾服了政治情緒，用超常能力化解了種種大型危機，用忍耐寬容了許多不敢冒險又一事無成的庸俗人群，用絕對主義符合了傳統中國的政治哲學……他也亟須有文字來彰揚其合法性和孝心，他選擇了支持文藝計劃和他的著述，以此宣傳道德陳詞，促進社會和諧。他以儒釋道三家一身自居，支持編寫美化馬皇后的《天潢玉牒》、彙編佛家教義

北方版《三藏》、輯選傳播孝道的《孝順事實》，還委派重臣解縉徵募 147 名學者大規模、長時間地彙編《文獻大成》。後經三年修整，《文獻大成》經過 2180 位各種背景的學者、國子監監生等努力協作，終於成就了今日中國人仍在盛傳的 22877 卷本的《永樂大典》，永樂欣然題寫長序，但因不曾複寫刊刻，僅抄寫一部，存於皇宮深院中。其後幾位繼承者，唯嘉靖末年敕令摹寫正副二本，正本後不知蹤跡；副本清代收藏不善而續有遺失，近代又遭八國聯軍焚毀、劫掠，現於全球範圍尚存 400 餘冊，其中 223 冊存藏國內，雖為殘存，但仍具重要的文獻價值，堪稱學界珍寶。

　　蔡石山 1940 年生於台灣嘉義，後為美國俄勒岡大學歷史學博士，曾任美國阿肯色大學歷史系教授兼亞洲研究中心主任，現任台灣交通大學講座教授，於國際史學界享有盛譽。在他看來，「永樂這位有很強個性的奇偉男子，是一位非凡的、不辭辛勞的專制君主，也是一位苛求的皇帝；他是積極政府之理念的化身」，「對永樂來說，生命就是冒險和戰鬥，經常要衝破重重的困難。我們從他身上可以瞭解到一位權力、陰謀、怨恨和無賴行徑的操弄高手之秘密」。他從精神分析的視閾，來觀照有人稱為帝制中國最好的君王、有人視作帝制中國最壞的皇帝的永樂，寫實其在殫精竭慮之餘靈魂的不斷掙扎，也反映出他努力謀求國泰民安時愧對侄先帝的精神贖罪，引我們看到了挑戰權威的朱棣如何重塑權威的轉折與進展。

　　我們通過蔡石山《永樂大帝》，不但認識到明成祖朱棣是中國史上少有的一位雄才大略的皇帝，還在較深層次看清了他如何肇基永宣盛世的諸多舉措。《明史》評價永樂時期：「威德遐被，四方賓服，受朝命而入貢者，及三十國。幅員之廣、遠邁漢唐、成功駿烈、卓乎盛矣」，是文為清人著述，如此褒揚前朝，足見朱棣的不世之功影

響後世深矣。但令人遺憾的是，朱棣有了錦衣衛再設東廠，又制八股文章鉗制讀書人的思想，還派太監監軍，將朱元璋的專制更推進一步，也埋下了宦官亂政的禍根，對於這些，蔡石山也一一做了理性地審視與思考。

（原載《中國圖書商報》2010 年 5 月 11 日）

鐵屋子裏的權力人生

　　1368 年，朱元璋在應天府建立明朝，把蒙古兵追殺到荒蕪的漠北，讓最廣大的漢人集團，舒張了一次悲辱與興奮、蒼涼與感傷、激動和僥倖。窮和尚出身的朱皇帝，沒有砸碎等級鏈條，送給世人一個安定的生存環境。他不動聲色地為繼承者們，剷除淮西勢力的權威，拔盡荊條上的銳刺，為後世君王掃去了皇權和相權、皇權和將權爭持的障礙，卻沒有預防有明一代日益不振的命運。

　　雖屢經折騰而沒短命夭折，但貌似強盛的封建中國，在世界大變局中，逐日自大腐朽。這，看似皆由朱皇帝們頑強地掌控著，而他們及權臣、佞臣、幸臣、太監，確是這盤下了近 280 年的棋局的分弈者。他們的名字、生活、品行、操守、能力等，都在正史野稗中有著或詳或略的記述，有過或明或暗的出演，有不少事實被我們平常感受到。當我從史學大家樊樹志《明朝大人物：皇帝、權臣、佞幸及其他》（復旦大學出版社 2011 年 4 月版）中，有了一個系統化、理性化和通俗化的認識。

　　朱元璋異志突起，臥薪嚐膽，再接再厲，成為天下第一人。除了他自身能力起著主因，李善長、劉伯溫、朱升們的謀劃，徐達、常遇春、藍玉們的拼殺，亦至關重要。朱皇帝坐了天下，功臣們榮膺官祿爵位，有些人得了上位撰文鐵鑄的免死牌。他出身卑微，也為老百姓思想，希望為他們解決最基本的溫飽問題。就連最莊嚴不過的聖旨，也寫得俚俗詼諧。雖無多少斟字酌句、添枝加葉、

咬文嚼字的文采，卻能使人讀之明白、感之清楚、思之有味。樊樹志懷著尊敬心情的同時，不因其了不起，而放棄對他誅殺功臣、利用權奸、陰毒手腕進行譴責。

他設置特務機構錦衣衛，嚴密監控臣下，搞得大臣們惶惶不可終日，甚至安排後事後上朝。那些說是能讓得主們免死兩次、子嗣免死一回的金牌，被朱皇帝聰明地澆滅了特效性：李善長們被效忠皇帝的特務、酷吏們，牽進了貼滿謀逆標籤的「胡惟庸案」、「藍玉案」，就連同他稱兄道弟的徐達、被他稱為子房的劉基、為他教育皇子的宋濂，都被其巧妙地進行了柔性狙擊。就是對近身心腹胡惟庸、御用殺手藍玉，他也展開株連，並借機對與之聯繫的人，進行大規模絞殺。

他的獨特發明，使後世成祖朱棣、憲宗朱見深、武宗朱厚照，相繼深受啟發，創造了東廠、西廠、內廠。西廠、內廠壽命不長，而錦衣衛和東廠陪伴明王朝至死，讓萌發資本主義氣象的明王朝，一邊經受封建宗法制、特務黑勢力的煎熬，一邊無法擺脫權臣爭寵鬥惡、佞幸大興冤獄的命運。明朝特務制度，雖在一定程度上威懾了軍權集團的頑抗，卻方便了一系列宵小之徒製造無中生有、慘不忍睹的悲劇，更使逐漸衰朽的朱明政權，始終苟存於鐵屋之中，不得出路。連小太監魏忠賢都敢稱九千歲，老奶媽客嬤嬤勇於同皇后叫板……被蛀得疲軟不堪的朝廷，不管末代皇帝崇禎如何想勵精圖治，都不能抗拒農民無奈的反抗。有些人喜歡將它的覆滅，別有情趣地算在陳圓圓的石榴裙下。

那些權力金字塔上的人物，有過奮發、爭取、歡欣、激進，陷身在迷離的特務政治下，已分不清忠奸善惡、血腥悲慘。他們置身特務暢行、忠良惶恐的鐵屋子裏，看到的是權力和欲望的拼殺，卻

看不到方孝孺不懼誅滅十族的愚忠、徐有貞得勢後的欲壑、嚴嵩父子左右朝局的真實，看不到英宗被王振玩於股掌而失國、憲宗放任王直為虎作倀的無奈、武宗聽信劉瑾而差點被替代的荒唐……

權力場上的相互利用，只是暫時的，一旦發生衝突，或出現爭鬥，兔死狗烹，時有發生。李善長和劉伯溫冒險出山，宵衣旰食，被朱元璋倚為膀臂。得天下數年後，朱不再容忍李首相對權力的追逐，也不能寬恕劉軍師清高的孤賞。他編造罪名，對親家李府數十條人命痛下殺手，縱容胡惟庸荼毒忠誠高才劉伯溫。李因權力分享不均，在胡惟庸意圖謀反時，一句含糊話表示默認。孝宗是清醒的，不像乃父憲宗那般癡戀半老萬娘，也不像其子武宗淫逸於豹房，在整部明史中算是可貴的燦爛一瞬。他不論如何重任諍臣，也未能改變重臣們對權力的爭鬥。治國幹才王恕、丘濬為了爭寵，成了權力場上驍勇的闖將。一次宴會排座次，王、丘互不相讓，前者對後者屬下不時打壓，後者指使親信彈劾前者……他們擺脫不了特務政治下的厄運，也將權力下的卑微現實，表現得淋漓盡致。

明朝出現過不少能臣幹將、諍臣幹吏，于謙、劉大夏、張居正、王陽明……他們為了國家的富強安定、百姓的安居樂業，殫精竭慮，忘食廢寢，卻未能改變王朝最終的不堪一擊。他們在治國、經世、濟民面前，是大能人，而在不可預測的帝王陛下、狐假虎威的特務面前，只能膽戰心驚，小心翼翼。

樊樹志熟稔明朝那些人和事，結合明清學者焦竑、王世貞等人的筆記，現代史家吳晗、孟森等人的研究，對那些我們熟悉的人物、歷史，做了新的評價。他在選題、立論、敘述上，將數百年前的陳年舊事，著述成客觀清晰、通俗耐讀的《明朝大人物》，讓我們感覺其史筆勾勒的諸多人物，皆有一個鮮活、客觀而真實的面容。書中

46 篇，雖為獨立，但前後聯繫，組合成一幅現實、多極、豐富而血
腥的明朝風景圖。這些大人物，身處封建特務制度下，即便威權赫
赫，也終在鐵屋子裏的權力場上，只有一個讓人驚歎或哀婉的無奈
人生。

（原載《新民週刊》2011 年 11 月 7 日）

在突破中找尋女權平等

人類的存在與延續，離不開男人和女人。女人不是生殖與性欲宣洩的工具，她們所擁有的權利與地位，應該與男人是平等的。自史上社會由母系向父系轉性後，女人退居二線，成了附庸。時至今日，所謂家庭主婦、家庭主男，依然未改男尊女卑的笑語和事實。

作為有思想、有知識的現代女性，劉果是一個典型的女權主義追求者、實踐者，其博士論文《「三言」性別話語研究──以話本小說的文獻比勘為基礎》（中華書局 2008 年 10 月版），兼具知性與理性，得以中華文史新刊的形式出版，讓我、也會讓更多的讀者在其平靜、靈動的文字中，找尋到一種別樣的認識與突破。在她的信仰和實踐層面，繼承的不僅僅是傳統的資料與方法，更多的是有了自己新穎的眼界及觀念，為她的性別話語研究、女性權利思索，形成了一個清新的識辨視角和論證方式。

先秦迄今，儒家思想在中國已是根深蒂固，影響世人的觀念、意識、情欲等諸多方面。甚至有經不起細考的報導云云，曾有數十位諾貝爾獎科學獎一致聲稱──將來的生活、思想離不開孔子之道。是否屬實，應該只是訛傳斷篇殘言而已，沒有多少實際價值。然而，也正是如此厚實的薰染，使得中國的男女關係，幾乎找不到最為本性的自然狀態。千年傳承的家長制、宗法制，給了男人當家作主的尊榮，給女人的只是嫁雞隨雞、嫁狗隨狗的運命。偶爾出了武則天、花木蘭、孟麗君、楊門女將與梁紅玉這般敢於拋頭露面的

女人，就是大書特書，以為驚世的稀奇。因為祖制世傳的神權、君權、夫權與族權，沒有賦予她們過多的與生俱來的權利。這樣一來，男兒孝養母親，就自然而然地成了正史中的孝廉佳話。

中國傳統文化中的此般事例，比比皆是，往往讓人賞心悅目，覺得大男人們具備了責任心與使命感，而女人半邊天只能作秀地說說罷了。其實在明清小說中，也不時出現男女關係回歸自然的影子，姑且不說《金瓶梅》一類的所謂縱欲小說，就在「三言」、「二拍」、《紅樓夢》等中，亦可找到性別話語暫時平等的片段。劉果在有效完成分內出版任務的同時，長時間地研究性別理論與明清小說，在《「三言」性別話語研究》中，充分借用文獻比勘方法，探秘「三言」文本中存在的規範性性別話語與非規範性性別話語的博弈情形，做得有計劃、有步驟、有謀略，也有指向女權主義的目的和意義。

何謂規範性性別話語，何為非規範性性別話語，如何會在「三言」中競爭與衝突，劉果一一展開細緻研究，並以清晰的思路、清心的文字，合理也得體地展示清楚。在她的思維之中，長期受主流性別規範影響的規範性話語，雖以差異的形式將男女的平等銷蝕得支離破碎，也將兩性位序上的尊卑困縛得嚴嚴實實，但亦非一無是處，最起碼客觀地捍衛了兩性關係正當的倫理模式，以理性與良知的防線抵禦了人性的墮落與沉淪。而非規範性話語，發乎本心，歸於情欲，張揚質疑、反叛的姿態，意圖逃離規範性話語的制約，徹底消融男權至上主義，回歸生命與人性的平等、健全的境地。

事實如此，《喻世明言》、《警世通言》、《醒世恒言》的編撰者馮夢龍大張情教理論，試圖在宋元話本、明代擬話本中尋找到本真人性的素材，通過詩情激越的表現途徑，觸摸到規範性話語的軟肋。哪怕其於千百年來如何諱莫如深塵封多久，馮氏也想以近古新興的

渲染自然人性的主情人文思想，去解構傳統文化思想，實現其儒雅與世俗衝突下意識形態的相互攝涵。在宣揚非主流、非規範的情欲思想的程式中，他沒有脫離儒家的「中庸之道」，依然有效地尋求「中和之美」，把情感基調定位為樂而不淫、哀而不傷，同時又吸納了釋、道的儒家思想為主導，借助一種淡然的宗教救贖形態，去相容和消化主情思潮。這些寫作者內心深處的東西，也隱約被其數百年後的叩問者捕捉到。

劉果擅長用女權主義者的思維，感知古典文獻的真實，在這樣的文本中，雖不無女性特有的小資情感，但亦能準確發現了馮夢龍的矛盾癥結所在，果敢地形成自己的理解思路，找到「三言」中兩性的情欲體驗模式與性別角色認知結構，較好地把性別話語系統錯綜複雜、千頭萬緒的面貌，清晰勾勒出來。在她學術研究的非枯燥言語中，給了人一種情趣盎然的感受。她對文本中種種不同話語的互動，諸如對抗、調和、妥協、戰勝、和諧、解體，都是比勘有方、拿捏得當、言說有理，引人看清了寫作獨有、解讀獨到的豐富性與層次感。

劉果以「三言」文本延伸到宋元、明話本小說，對傳統文化中的性別話語研究，展開了深入淺出的解析。她沒有單純地在欣賞古代上多作停留，而是讓每一位讀者切實輕鬆感受非規範性話語的古典魅力。《「三言」性別話語研究——以話本小說的文獻比勘為基礎》，以「三言」為研究主要載體，分用五章內容、四個方向表現一個大主題，每一章節都是既可讀、又耐讀的具體安排。無論是解讀馮夢龍的性別觀，還是分析才女理想、夫貴妻榮、私奔殉情、紅顏禍水；或者，無論是在單篇文獻比勘下審視色欲亡身、女性復仇、才子佳人，還是在多篇文獻比勘中反思離亂重逢、紅杏出牆、女鬼

傳奇，劉果的準備和表述，都是充分的、精彩的。她所尋求的是，是女性個體生存與生活的意義與價值，同時真正把人的「類」進行了人性化的還原。不難發現，她的文字與思考，對曾經盛傳的理學性別觀念、元典性別規範，如同柔韌長鞭施以了一記重擊。

在認識「三言」性別話語衝突時，對於馮夢龍受時代局限、性別困惑，而有矛盾與真實不斷角力的思想，是我們不能忽視的。在封建的氛圍中、專制的淫威下，馮夢龍鼓吹情教理念，確有不少現代模樣，即便今日，亦有不少人如我都自歎弗如，但他沒有放下男人的架子，「三言」中的真愛聲音沒有掩飾去濫情、肉欲的張狂，留給杜十娘、王嬌鸞們仍然是無法自由的幻夢。同時代的李贄、後來的袁枚一干人等，也口口聲聲呼籲社會尊重女性，而自己既是妓院的常客，還納了不少與孫女一般大小的妾。這些人創設的非規範性性別話語，疲軟乏力，在他們的文字中對女性是尊重的，而事實不然，馮夢龍一類的明代話本作家，自是無法脫離用男性眼光去可憐本來命運、身世可憐的底層女性。

劉果看得較為清楚，深刻意識到馮夢龍們的局限性。她以性別視角洞徹本真男女，發現「三言」的基本性別格局，沒有跳出男尊女卑的基本理念和它所代表的規範性話語。她沒有簡單地跟著傳統研究人云亦云，不再淺顯地判定「三言」（也適用於很多晚明小說）為所謂禮教解放、個性自由、大膽追求愛情的文本，在她看來，那些主流見解其實不過是規範性話語巧為遮掩的又一次偽裝。可能這樣的結論，暫時不為大多讀者、學者所接受，但一旦能夠成立，將是為性別理論研究形成、實踐了新的視角和方法，並使學界受益。

我們今天翻讀古典文本，不單純是為了消遣，更多的是要瞭解當時政治的、社會的、經濟的、文化的等真實存在，否則，就是白

白地耗費自己不能再生和長生的生命。劉果花了幾年的時間，在編好本職策劃的圖書外，捨棄許多含飴逗女的快樂時光，選擇以話本小說文獻比勘為基礎，來寫這本《「三言」性別話語研究》，認認真真，從從容容，雖只有二十餘萬字，卻以一種新方式、新視角，為「三言」以及宋元、明話本小說，開展了性別理論觀照下的探索。她對於性別話語，有一個全新的認識與理解——「以共時性角度觀之，在『三言』的性別話語系統中，規範性話語占了比較明顯的優勢；而從歷時性角度觀之，宋元話本小說中的許多非規範性話語都在『三言』的明代演繹中表現出弱化趨勢」，但在文本的細讀和分析中，她也處處「感受到了非規範性話語的力量」。研究一門學科、一個問題，沒有絕對的肯定，也無絕對的否定，見仁也見智，只須有理有節，劉果研究性別話語，雖時而表現女權主義者的高蹈姿態，卻完全走著辯證務實的路徑。

　　劉果的《「三言」性別話語研究》，可以說是一面警醒人們與人性的鏡子，她追求真實的女權主義，也在古典文獻中找到了非規範性話語與規範性話語博弈的片段，同時以其突破與創見，對於日後話本小說性別話語研究，提供了一部難以繞過、不可替代的著作。尤其是在道德滑坡、貞操淡薄、享樂主義盛行的背景下，認識女性的尊嚴、地位與利益，需要有更多的這樣的著作不斷出現，為女權主義理論與實踐，提供優質的清醒的事實依據，以探測女性自尊自強和自我解放的出路，杜絕新時期另類娜拉可憐的存在。不論是推崇規範性話語，還是尋求非規範性話語，理論上只有一個目的，即是在今天以及將來的日子，用事實真正歸位男女直接的、自然的、必然的關係。我也期待終有一天，男人至上主義、女權主義，被徹

底置為棄用的歷史詞彙，為權利上、身體上與精神上的男女關係，全面地、徹底地恢復平等與自然。

（原載《南方都市報》2009 年 3 月 15 日）

看史景遷講張岱的故事

　　在中國文學史上，張岱以洗練簡約的小品文筆墨，為後人寫下了《瑯嬛文集》、《陶庵夢憶》、《西湖夢尋》之類的精彩著述，也對魯迅、周作人、俞平伯等現代文學名家產生過很深的影響。20世紀30、90年代，曾兩度興起晚明小品的出版與研究高潮，《陶庵夢憶》、《西湖夢尋》被奉為圭臬，膾炙人口，風靡一時，人們為張氏戴上了「性靈派小品大師」花冠。章培恒、駱玉明在《中國文學史》之《晚明小品散文》中，贊道「晚明散文的最後一位大家和集大成者是張岱」。

　　張岱是一位了不起的人物，但施蟄存選輯《晚明二十家小品》、錢杏邨編選《晚明小品文庫》時，均不見張氏篇什，前者自序中提及「易得，不再編錄」云云。然不論是過於審慎，還是失之偏頗，都無法遮掩張岱多方題材涉及、兼有各派之長，既為公安、竟陵文學運動推波助瀾，又是晚明散文的一方代表性豐碑。

　　國際著名漢學家史景遷對張岱，情有獨鍾，在寫了康乾盛世的滿眼繁華、幾許感傷後，又對清前的朱明王朝有了興趣。他叩問明亡的原因，有感於當時士紳階層不願接受異族統治而選擇自滅，甚至全家尋死，而其所生存的社會非常富足，使之生活存在許多值得玩味的成分。他選擇了張岱作為研究點，從其人生追求與理想作為出發，又一次採用與眾不同的「講故事」的方式，在《前朝夢憶：張岱的浮華與蒼涼》（溫洽溢譯，廣西師範大學出版社2010年9月

版）中，解析張氏淵博知識與文化涵養，敘說其灑脫慰藉與無奈蒼涼，試圖間接地證明晚明在中國史上文化最繁華的燦爛一瞬。

明朝中期伊始，閹宦專權，奸逆當道，特務橫行，黨爭迭起，致使內憂外患、賢能被逐、忠直遭戮。以王艮、李贄為代表的左派王學，公開標榜利欲為人之本性，主張童心本真、率性而行，反對理學家的矯情飾性，在思想界助長了一股反理學、叛禮教的思潮。很多置身於黑暗氣氛中的文人士子，藐視惡俗又不甘絕望，紛紛追求個性解放、自由天地，欲在風花雪月、山水園林、蟲魚花鳥、絲竹書畫、飲食茶道、古物珍異、戲曲雜耍、博弈遊冶中，覓得朦朧雅逸又悠閒脫俗的勝境。張岱出身官宦之家、書香門第，自幼受老祖父諄諄教誨、家藏書殷殷福澤，40 歲前一直在讀書與遊玩之間長袖善舞，左右逢源。

張岱有過走科舉之路求取功名的念想和行動，然幾番雀躍，機遇不得。他只能邊走邊讀，邊玩邊寫，用清明雋永的文學語言寫家族生活、人情冷暖，也寫賞心悅目、世間翻覆。史景遷熟稔而自然地融會張氏的不同文字，寫意其少為人知的喜怒哀樂、艱難曲折，而沒有平鋪直敘、倒敘曲筆。

殷實無憂的家居條件，加之曾祖正直為官卻招致構陷，祖父替父伸冤後退居故里，家裏沒有逼迫張岱擠上八股文考試的獨木橋，讓其自由生長成材。他不需要整天抱著「四書」「五經」及程朱章句搖頭晃腦，而其家族教育、生活、玩樂乃至通婚聯姻，始終同書香有著截然的聯繫。即是張岱失明的堂弟，性喜讀書，過耳不忘，鑽研藥理，對各種草藥的性狀瞭若指掌。他那早產三月、不得父母疼愛的季弟，通過後天修學，也成為了集學者、詩人與藝術鑒賞家於一身的雅士。

　　張岱家庭多雅士，自高祖起，便建亭明志、築樓藏書，至後來清兵逼近、其倉皇外逃時，家中四十餘年累積的三萬卷藏書「一日盡失」。另有多人養有戲班伶人，盡是繁華，大為熱鬧；抑或精於收藏，多有珍品，傳諸後世。

　　張岱似乎是一個愛家重感情的舊文人，以文字為媒，我們可以看到張家五代十餘人的性情喜好。他刻畫家人，不惜筆墨，恣肆鋪陳，寄寓感懷，不論男女老少，涉筆成趣，勾畫了了，展現了一幅大體完好的家族世俗圖。他對祖父的才情仁懷、仲叔的精明雅好、季叔的狂放暴虐，以及節儉自持的曾祖母、不屈不撓的祖母、通達堅忍的岳母，紛紛給予描形畫魂的描述。他對母親滿懷摯愛，有時禮贊慈母而又隱含對父親「少年不事生計，而晚好神仙」的批評。另外，他對多次陪同遊玩的名妓王月生，自是激情描述，甚至寫詩讚賞。但，他對髮妻隻字未提，甚至對共同生育的孩子也慳吝文墨。此中緣故如何，是當時習俗使然，還是情歸煙花地、另有二小妾的張氏寡情，抑或其他，史景遷都作了較深入的探討。

　　長期生活在繁華靡麗的世家中，張岱的性情瀟脫無羈。他樂於在深深庭院漫步閒筆，喜歡俏丫環、好少年、彩衣裳，可以馳騁俊馬忙遊獵、四處觀燈看煙花，也可以為梨園歌舞、湖中龍舟、架上古玩、席間香茗高談闊論。誠如自為墓誌銘寫道，好精舍，好美婢，好孌童，好鮮衣，好美食，好駿馬，好華燈，好煙火，好梨園，好鼓吹，好古董，好花鳥，兼以茶淫橘虐，書蠹詩魔。一股紈絝子弟的豪奢享樂習氣，一副晚明名士文人縱欲玩世頹放做派，躍然紙上，襲人心神。然這一切的平靜與美好，在他49歲時，被入關清兵的無情鐵蹄，徹底地踐踏碎了。他只好帶著倖存的家人，逸隱紹興龍山，務農為生，修撰帶有明史性質的《石匱書》，

書成後不久亡故。在此期間,他不再有雅興在二日內兩次登臨泰嶽了,不能有機會感受轎夫疾速下山的驚心動魄了。

這位有不少小資情感的富家公子,又是一名思想激進的知識分子,他對經史子集、天文地理,悉數通曉,靡不涉獵。雖一生除在流亡朝廷魯王處,得到過一點賞識外,再也未曾有過一職半祿的賞賜,然其一生致力撰述,筆耕不輟,老而不衰,贏得了遠勝功名利祿萬萬千的盛名。他有數十種著述,接連傳世,影響後代,特別是歷時二十餘載纂修《石匱書》,補綴《後集》,從有明一代 1368 年開國寫起,寫到 1640 年,勾勒全貌,將對權力與篡位的態度,不同時期的邊疆方略、對外政策、戰術戰略、稅賦軍費、藝術宮殿等,諸如成祖朱棣代侄而立、南明福王昏聵魯莽,均有翔實的描述。順治年間,谷應泰提督浙江學政,編修《明史紀事本末》,亦從張著中多取史料。張氏下筆審慎,用之精妙,不忘給自家人予以一定篇幅,寫先人秉承儒學傳統、族人交流作為,為皇皇三百餘萬字的史學巨制,增添了不少情趣與人情味。當然,他選擇「事必求真,語必務確」地寫實,處在明清更替的邊緣仍堅持以史明志的操守同決心。我們今日雖不能看到此部大書,但透視史景遷評傳張岱少時浮華晚蒼涼的風雨人生,足以看到一個文學家絢麗之外的史家風采,從而在無限的期待與憧憬中,找尋到許多真實的欣慰和驚喜。

史景遷受導師芮瑪麗指引,從讀點中國歷史開始,慢慢走上了審察與反思中國歷史的研究之路,尤其對 17 世紀前期滿清勢力入主中原的史實近乎癡迷。他寫張岱,沒有勾畫風流才子的情愛韻事,也非挖掘沒落公子的榮辱憂樂,而是通過審視明清之際文人的家國情思與悲烈,展示個體生命同家國風雲的映照與聯繫。文弱的張岱滿懷忠誠愛國的赤情和毅力,曾受命捕捉奸賊馬士英,奔赴多地宣

傳抗清決心，但面對擋不住的歷史洪流，他只能選擇還歸龍山，自主畫下一條人生界線，將忘不了、說不盡的前朝舊事，寫成亦文亦史的文字，寄意後世在其追憶家族軼事、感歎時代悲喜的心路歷程中，讀到一顆夢憶相伴的孤獨心靈。史景遷寫張岱的一生幻化、心情輾轉同追憶過往，追索一個有著史家情結的文人故事與命運，書寫世事變遷與生命無常的世界真理與歷史真實，從而，借助張岱身上所體現的晚明末路上的一抹餘暉，告訴我們對抗遺忘之後如何坦然面對。

史景遷（Jonathan D. Spence，喬納森・斯賓塞），1936 年生於英國蘇爾里，曾讀於溫徹斯特大學和劍橋大學，1965 年獲美國耶魯大學博士學位，後留校為教授、歷史系和東亞研究中心主任，並兼職美國歷史學會主席。他對中國有一種特殊的情結，擅長於以獨特的視角觀察悠久的中國歷史，敏銳深邃，通俗耐讀，廣稽博采，深入淺出，不但具有史學家與漢學家的謹慎，而且富於暢銷書作家的特質。其取名史景遷，除「史」為 Spence 的中文譯音外，還主要表達了對中國太史公司馬遷的景仰。有趣的是，其同為耶魯大學歷史系教授的妻子金安平，就是出生在台灣的美籍華人。

近年來，市面上出現了不少史景遷著作中譯本。上海遠東出版社曾於 2005–2006 年推出「美國史學大師史景遷中國研究系列」，包括：《康熙自畫像》、《王氏之死》、《皇帝與秀才》、《曹寅與康熙》、《中國縱橫》、《胡若望的困惑之旅》、《洪秀全與太平天國》和《大汗之國》、《利瑪竇的記憶宮殿》、《追尋現代中國》等十種，但印數不多，坊間少見，除前七種曾有函套裝流通外，其他難見書影。而今廣西師範大學出版社為了更好地傳播史景遷作品，邀請史氏弟子鄭培凱與翻譯學研究專家鄢秀擔綱主編，徵得史氏首肯，陸續而集中出版

其關於中國的所有著作，加入《前朝夢憶：張岱的浮華與蒼涼》、《雍正王朝之大義覺迷》、《改變中國：在中國的西方顧問》、《天安門：知識分子與中國革命》四冊，另有三卷易名為《太平天國》、《康熙：重構一位中國皇帝的內心世界》與《胡若望的疑問》，如此一來，將會更好地方便中國讀者感受史景遷學術研究與通俗閱讀的魅力，感知其書寫中國歷史實踐而詮釋史學傳統「才學識德」的努力和鍾情。

（原載《中國圖書商報》2010 年 12 月 17 日）

沒落王孫的偉大崛起

　　剛剛辭世的藝術大師吳冠中，一生視藝術為生命，居住簡陋，所求甚少，只求在這個「窩」裏為人民下更多的「蛋」，陰晴作畫，不負丹青。他視魯迅為「精神之父」，喜歡像魯迅那樣講真話，針砭時弊，體現著一名老藝術家的純真赤心與藝術良知。他不但為後人創作了一大批情景交融的優秀畫作，還著述了一系列理趣彰顯的經典文字。在其融譯、釋、評一體的《我讀石濤畫語錄》中，我們不但可通過深入淺出的文字，清晰地理解畫語錄古奧禪玄的文意，感受晦澀含糊的畫趣，還能在明瞭自然的異代對接上，隱約發現吳老基於繪畫實踐的感悟表述同石濤藝語的諧和共鳴。

　　吳冠中避開傳統思想中空泛消極的一面對石濤的影響，以自己的經驗體知去透視石濤藝語，辨明精微本質之處，抓住意明語不清的要害。在吳氏看來，石濤畫語錄是具有世界性價值的中國國寶，乃世界美術發展史上一顆頂冠明珠。他將「石濤這個 17 世紀的中國和尚」，尊奉為「中國現代藝術之父」。他在石濤「一畫之法」裏，感染了極強的現代意識，也從了不起的畫語錄中，看到了同西方大畫家凡‧高書信一般傑出斐然的藝術價值。

　　美國學者喬迅也極力推崇石濤具有強烈個性化的藝術人生。他由石濤追尋的繪畫實踐、提出的「20 世紀西方表現主義的宣言」，看到一位出身高貴、終生潦倒、削髮出家、頂冠修道的傳奇人物身上，存在著清初中國繪畫的現代性萌芽。無論是在耶魯大學博士畢

業的學位論文中，還是在紐約大學美術系的教學上，或者是在美術史研究所裏，他都認真尋找石濤獨特的藝術真理與人生真相。其《石濤：清初中國的繪畫與現代性》（邱士華、劉宇珍等譯，生活·讀書·新知三聯書店 2010 年 4 月版），作為西方第一部專論石濤的著作，寫滿了他學術生命裏強烈的石濤情結，也體現了當代「石濤學」研究路上的許多精彩。

石濤（1642–1707）為「清初四僧」之一，俗名朱若極，明宗室靖江王贊儀十世孫，出生於廣西桂林親王府中。兩歲時，滿清入主中原，朱明覆滅，這位時運不濟的王孫，因家門劫難，由太監秘密送出，四處躲逃，後被當成和尚教養，更名元濟、超濟、原濟（後人誤傳「道濟」），自稱苦瓜和尚。他置身佛門，性喜漫遊，別號甚多，最後十年所用大滌子，屢見題識。石濤為非正式的字，但終用一生。其工詩文，善書畫，尤擅山水，兼蘭竹，有「搜盡奇峰打草稿」、「無法之法，乃為至法」、「借古以開今」、「我用我法」等妙語，傳之畫壇內外。石濤對後世影響極大，作品歷來為藏家鍾愛。現代畫家齊白石在前人認識的基礎上，又特別強調石濤「居清湘」和「刪去臨摹手一雙」的造化為師與藝術獨創性；而張大千曾精研石濤，仿其筆法，幾能亂真，有不少仿畫流傳於世，極難分辨。

石濤有國破家亡之痛，又兩次跪迎康熙，並與清廷上層人物多有往來。這個同八大山人一樣有著前朝皇族血統的職業畫僧，幾乎一輩子都在自己創造的命途故事中苟且度日，內心極度矛盾，曾以各種方法，私下地或公開地與自己長期痛苦壓抑的靖江後人、宗室遺孤身份妥協。死後兩百多年，喬迅從石濤一生作畫的社會史與在揚州的生活中，找到了特定環境中的繪畫價值。他綜合運用中國傳統的研究理路和西方形式分析、圖像學分析、社會詮釋模式等多種

手段，探索石濤藝術中與眾不同的被框架在經濟、道德、宗教、哲學、藝術史與美學等論述關係上的抒情表現，揭示其繪畫實踐上的複雜性。他把石濤奉為明清畫壇之巨擘、中國繪畫史上的偉大人物，並努力從系統地重建其生平、藝術及當時影響等出發，在現代性的議題下，分析他在社會、政治、心理、經濟與宗教等五個人生面向上的藝術選擇，對他不同時期、不同題材、不同內容的作品進行歷史性的詮釋。

喬迅試圖通過多面向交叉中的石濤本人及作品，給予讀者一個形象豐滿的畫家形象。也正是石濤無窮的創造力同多元的創作形式，使作者在相距數百年、相隔上萬里的時空中，產生了強烈的興趣。

《石濤》主體部分，分為十章，以石濤 1697–1707 年定居揚州的晚年生活、存畫最多的晚期階段為背景，著力分析其創作上的成功。喬迅認同中國「早期現代」藝術概念，且把現代性與現實主義區分開來，逐一探索石濤最後十年的生活、思想、觀念、意識及追求，展現其藝術價值與普世主張，引人在賞鑒石濤 135 幅有據可考的畫作同時，感知以地志學式的方法研究清初中國繪畫的現代性。

喬迅長時間地研究石濤，從傳統的畫家傳記編年史寫法中突破，將藝術社會史研究巧妙地融會在藝術家專論形式中，充分呈現石濤在中國畫早期現代性與藝術家主體性上的開啟作用，可以見出他在其中產生了許多鍾情、歡欣和戀愛，也足以體現石濤的現代性思想在世界繪畫史上獨放異彩。石濤在實踐中追尋包涵藝術自主、自我意識與懷疑的價值和品位，不斷創新，多樣發展，形成數十種風格，也致使其生前便遭偽造不斷、逝後贗品不少，甚有名宿大家欣然模仿，以假亂真，或為人收藏，或見刊發表。當然，有不少偽

作，為研究者找尋真跡，提供了很多線索。行文此文，我不由感喟，如非深受大眾歡迎，偽造盜版豈不徒然。

喬迅在《石濤》中，對石濤藝術理念、人生曲折、命運掙扎等具體內容的縱深剖析，對石濤寫意天地風情、山水人文的墨色線條、題款詩文與自由精神，給了我們一個清新的認識。雖然中國歷史上少了一名過著錦衣豐食日子的王孫貴族，但無可奈何的磨難，讓他沒落流離、艱難覺醒，使他以不可多得的畫作與思想，成就了吳冠中、喬迅同我們讚歎不已、尋根不息的藝術奇跡和偉大崛起。

（原載《圖書館報》2010 年 8 月 13 日）

重構康熙大帝的心靈筆記

　　在中國成功皇帝的特色品質和獨立人格中，歷史背景的時代鑿痕，傳統文化的教養烙印，出身民族的性格陶鑄，使他們具有雄才大略的偉美形象時，又有著不一樣的事功悲劇：秦始皇統一六國，卻因兩位寵信臣子導致王朝二世而亡；漢武帝實現東西文化大融合，但沒能避免繼承者幾乎大權旁落；唐太宗譜就一曲貞觀長歌，而晚年昏聵選擇了孱弱幼主；宋太祖有陳橋兵變和杯酒收權的佳績，然無法改變天下分裂的局面。元太祖的鐵騎踏出最遼闊的版圖，卻留給後世無休止的民族爭鬥。較之於秦皇的威、漢武的烈、唐宗的智、宋祖的堅與成吉思汗的勇，被毛澤東贊為「千古一帝」的康熙，更多的是與眾不同的謀略。他臨危受命，少年磨難，戰略手筆，經世智慧，在不過 70 年生命中，成就了 61 年文豪武壯的帝王顯耀，但權力紛爭、諸子攻殺，為最後的皇權歸屬，留下了一系列說不清的謎。

　　康熙的繼承者是否合法，需我們綜觀歷史，冷靜審視其中的是是非非。我們不妨把康熙王朝比作初春，將乾隆時代擬為盛秋，而眾說紛紜、多有貶斥的雍正，正是不可繞過也成績不菲的夏日。沒有夏日用疾風驟雨對青枝綠葉的歷練和呵護，是不可能有三春繁花變作金秋碩果的勝景的。美國傑出的中國史研究學者史景遷《康熙：重構一位中國皇帝的內心世界》（溫洽溢譯，廣西師範大學出版社 2011 年 1 月版）轉述的「康熙遺詔」，記載「雍親王皇四子胤禎人

品貴重，深肖朕躬，必能克承大統」，似可視為雍正繼立的一種合理解釋。遺詔錄自《大清聖祖仁皇帝實錄》，爵位、生序與名字皆有明示，非野史風傳的將「傳位十四子」篡改，也有秘檔證明遺詔為滿、漢、蒙三種文體書寫，改「十」為「於」契合漢字書寫方式，而不符滿、蒙文字書寫邏輯。這不排除雍正入主後的增益、修改。我們結合史景遷借康熙口吻寫出的這本自傳，平視康熙經世治國的淵默、冷靜和睿智，不難發現其妥善擇儲的慎重和清醒。

史景遷熟知關於康熙的帝王實錄、密折批閱、禦制文集、起居注，臣下孔尚任、李光地、高士英、張英的著述，供職清廷的耶穌會傳教士的書信、日記與回憶錄，雍正集結成冊的、記載康熙道德觀與回憶的《庭訓格言》，以「朕」的口氣，對康熙親政的堅持與選擇，及輝煌的康熙帝國，來了一次自畫像。

他擷取康熙馳騁天下、治理國家、思想踐行、生老觀念、育兒心情與臨終諭旨的精彩片段，表現其孤獨的心路歷程。康熙沖齡踐阼，雖有祖母孝莊支撐，但索尼、鼇拜等四大輔臣，或為三朝元老，或救過先皇，各成朋黨，相互掣肘，自然不會格外忠誠地侍奉孤兒寡母的尊榮。武將出身的鼇拜自恃功高，不將幼主放在眼裏，卻不曾料想少年天子堅忍而富於謀略，借力打力，終於獨斷乾坤。

康熙的偉大，與內心世界的思慮謀略、獨立自主和高深莫測，有著極大的關聯。這該是史景遷勾畫他了不起的政治人生的誘因和動機。

康熙不再允許手下質疑、攻擊他的尊嚴威信，也不容忍內患、外敵侵擾他的權力版圖。他不疑地啟用降將施琅收復孤懸海疆的台灣島，不懼地迎戰沙俄強敵以弭平雅克薩城寨，不倦地用兵準噶爾，使噶爾丹不得不放棄裂地稱王的計劃……著名的倉央嘉措，也是因

康熙追查，為攝政桑結嘉措尋立的。康熙常以射獵為名，調兵遣將，行營立帳，策馬佈陣，巡幸四方，各逾兩千里。

康熙是一個鐵腕專斷的強權人物，在議政王大臣會議上，唇槍舌劍，力排眾議。協助滿人入關的前明幫手吳三桂、尚之信、耿精忠，在索額圖等人看來，是大清的恩人，不宜削權而應封賞。康熙執意削藩，用一場延續多年、民不聊生的鐵血征程，覆滅了意圖翻覆的三藩勢力。此舉險些葬送了滿清皇權，但對中國天下一統、政令暢通，確是一次良機。戰爭帶給了百姓災難和疾苦，康熙曾自責率爾決定，以此為殷鑒，然他剪除內憂，對漫長歷史、滄桑國家，何嘗不是痛苦抉擇中的理性取向。他懲治戰亂的肇始者，而對被脅從者的處置，始終堅持律例裁奪。即便時有社會閒人、前朝遺老，借著朱三太子的名號，聚眾鬧事，他也審慎定刑。這在君王專制時代，康熙能密切關注死刑案件，重視法條解釋與訴訟程式，體現了開明君王的治國智慧。他高度集權，打擊結黨營私，但推行「永不加賦」的賦徭政策，凍結「丁」稅的稅額，對天下百姓來說，自是一種幸福和期待。

康熙理政謀國，不分滿漢，對民族互仇的言行，甚是痛恨。他忘不了正陽門外漢官居地發生火災，滿人要員毫不顧及皇帝的關切與救令，置若罔聞，袖手旁觀；忘不了漢臣徇佑族人，而對旗人不假好言。他求賢愛才，認為賢才不擇地而生，反感閩浙總督進疏福建地瘠人佻，憎恨延綏巡撫奏言邊地無博學宏詞之士可舉，更討厭詹事報告南方人輕浮不可用。其視天下一家，唯才不避遠，朝廷上下，不乏李光地、湯斌、熊賜履等道學之士，連西方傳教士南懷仁、安多、徐日升等也位居要津，得到他的尊重和賞識。南懷仁們帶來了力學、醫學、幾何學、藝術和天文技藝等，使他大開眼界，龍心

怡悅，除了延聘他們主持多項宮廷工程外，還招至左右陪同出巡、問學詢策。但，當羅馬教廷特使多羅欲設駐華代言人，捍衛教宗的宗教權益，約束傳教士的行止，不讓中國宗法制禮儀影響天主教儀式，使康熙意識到皇權受到了異域教權的挑戰。他嚴詞拒絕了。他要衛護中國皇帝傳統的權威和祭祖祀孔的儀軌，強令旅居的西洋人接受、服從中國的禮制。康熙推崇西學，禮遇西人，對格致新學產生了濃厚興趣、獵奇欲望，但他禁止民間學習西洋科技，防患這些現代文明損害他的權力和威嚴。他是中國農耕經濟的推動者，又是閉關鎖國的開創者。同時，他又是中國文化建設的大功臣，《古今圖書集成》就是一個最好的證明；也是大興「文字獄」的極權者，戴名世之死為其臉上不能拭去的污點。他洞察天下、思慮中國，卻始終困囿於政治藩籬之內。

康熙一生共生育 20 個女兒、36 個兒子，但只 8 個女兒、20 個兒子長大成人。其囑諸子，春夏時可在院中玩耍，而不宜端坐廊下，一副慈父形象，躍然紙上。此際多有雷電潮氣，康熙被多子女早殤的現實嚇怕了。他對孩子的教育是嚴厲的，告誡他們不能學做無賴小人動輒惡語相向，訓令兒子須戒色、戒鬥、戒奢華，讓他們從小熟習騎射武功，長大後修學士農工商。其對兒女的愛，雖非溺恤嬌養，又多有疼愛，除請親近大臣視養皇子外，且親自撫養皇二子胤礽。胤礽為皇后赫舍里氏難產遺子，被封為太子，寄予了很多殷望和摯愛，而集萬般疼愛一身的同時，難脫權臣索額圖之流拉幫結派導致的墮落厄運。康熙把對亡妻的恩愛與追憶，悉數寄寓此子身上，三立三廢，至後來不論臣下如何諫議，亦不再重設新儲，足見其對兒子不爭氣、參與黨爭、陰謀皇權的隱痛和無奈，感傷和蒼涼。

康熙的一生，有著許多的各種各樣的睿智、謀略、仁善、榮曜和殘酷，但接連不斷的應對和打擊，導致了他的老病早亡。他坐過最長時間的龍椅，但長期的憂勞、憧憬、夢想與艱辛，使他內心激烈掙扎時，無法擺脫矛盾選擇過後的陰影。他不相信某知府奏報一天需處理七八百件事的真實性，也不會在知曉肉體之軀的滅亡時如秦皇漢武唐宗宋祖一般迷戀丹藥和不老術……但他最終未能脫離剿殺權臣、鎖拏親兒的悲情命運。

史景遷用中國特有的文言筆墨，以史為據，試圖在口述歷史《康熙》中，重構康熙大帝的心靈筆記、康熙帝國的崢嶸圖影。其中所取的素材，以及詮釋注解，體現了史氏揣摩三百餘年前一位中國偉大皇帝內心世界的良苦用心、勤勉著力，對於我們真實地瞭解、把握康熙的謀略人生、歷史作為，確有獨特的史學價值和學術意義，為其他讀本所難以企及。不足的是，自序中將索額圖稱作康熙叔父，把鰲拜寫為攝政王，為兩處明顯的史實訛誤：索額圖乃索尼之子、赫舍里皇后二叔，只能視作康熙的叔岳父，而非叔父；鰲拜擅權，驕橫跋扈，但為輔政大臣，封一等公，並不是攝政王，有清一代的攝政王惟多爾袞一人矣。如此硬傷，為史景遷原著，還是溫洽溢錯譯，便不得而知了。

（原載《信息時報》2011 年 4 月 3 日）

雍正的悲哀與乾隆的無奈

　　同樣都是排行老四，雍正與乾隆的承繼手續，卻在人們心中是截然相反的評價。幸運的乾隆，在乃父登基後，備受重用，不少學人認為他是康熙理想的異代繼承者，父憑子貴，造出胤禛掉包陳家幼兒取寵的小說情節。雍正稱帝前，不得父皇過多的寵愛與封賞，康熙對故太子三立三廢，眾阿哥爭鬥不休，最後留下了一椿關於「將軍王」十四子即位受阻、皇四子胤禛改詔篡位的歷史奇案。

　　回顧歷史，年輕的胤禛身為皇子時，在整肅吏治、強化賦稅等治政理財方面，顯示了氣概非凡、作風幹練的本色。如此能耐，雖非領軍征戰那般不計生死，但在朋黨坐大、封建對抗的時代，亦是極為艱險、慘酷。一國之主，應該不僅需知治兵之道、征伐之謀，更須有清醒果敢的理國之才、馭人之術。就此條而言，作為千古一帝的康熙，自當是分析明白、立儲理智。諸多謠傳：謀父逼母、弒兄屠弟、貪財好殺、淫逸兇殘……一併指向雍正，稱其繼立的不正當，尚需重新考證。

　　史家們質疑雍正王朝的合法性，就連當時底層文人也表現了極強的窺秘行為。歷史上的呂留良及曾靜案，《大義覺迷錄》的形成、發展與禁毀過程，雍正朝一系列引人入勝的文字獄案，就是一個顯眼的注解。史景遷對這些作了較為翔實的敘述與評判，使我們在《雍正王朝之大義覺迷》（溫洽溢、吳家恒譯，廣西師範大學出版社 2011 年 2 月版），進一步感知了雍正繼承大統的真相，

理解他對異質文化之間的內在融會與外部張力，所進行的努力和精彩。

雍正是滿洲人入主中原的第三任帝王，此時清政權已有近 80 年歷史，但，漢人對於異族統治的中國王朝，仍是難忍的反對與抗爭。他們懷念前明的歷史風雲，哀傷旗兵鐵騎踐踏中原的兇悍，惶恐於薙髮易服令的強制，也對流亡的南明政權甚至吳三桂叛亂寄予了殷殷厚望。這般情勢，激發了不少小知識分子堅守對前朝和漢族的忠貞，不吝身家性命地參與反清復明的種種行動，或如陳近南組織天地會廝守台灣，或如石濤、朱耷等出家為僧潦倒度日，或如王夫之苦居瑤峒四十餘載，或如呂留良對永曆小政權尊崇之至，直呼清廷康熙年號而毫不避諱。

受呂氏思想學說影響，湘南士人曾靜羅列滿清和雍正的多種罪狀，委託弟子張熙呈示陝甘總督、甯遠將軍岳鍾琪，寄意岳氏應具先人岳飛抗擊金兵的忠義和赤誠，顛覆專制漢人的少數族政權。怎知捐官出身的岳氏，備受雍正優寵，不僅全盤接收了年羹堯的軍政大權，還忠誠不二地向主子報告了曾靜們的意圖和反動，從而有了此書中關涉投書、皇帝、行蹤、湖南、鳳鳴、駁斥、炯戒、赦免、獨鐘、付梓、探源、異議、宣論、枝節和重審等事態的發展與內容的盤結

張熙被拿獲，難禁刑逼，將曾靜等人的異動情形，和盤托出，震驚了雍正。文人蠱惑民心，雖無大動作，但竟然欲策反掌軍大吏，自非小事。雍正集結審案高手，密令浙江總督李衛、湖南巡撫王國棟、副都統海蘭等有生力量，順藤摸瓜，尋蹤覓跡，甚至捕風捉影，緝拿曾靜等人，並發現了呂留良懷念前朝的著述、癡情和大膽。岳鍾琪、李衛、王國棟們對轄區內出現非議今上的異類分子，很是驚

恐，除了多方深察、殫精竭慮外，不時將進展近況報與雍正，既告知主子其已竭誠偵查，又求得最高指示和聖意眷顧。此次悖逆，湖南是主戰場，王國棟、海蘭制定計劃、分配責任，多方圍剿，曾靜與張熙家人先後被抓，押至京城。

幾番審理過後，曾靜在嚴刑訊問面前，供稱了多位儒士的不滿行為，指定已辭世多年的呂留良為罪魁禍首，還對康熙、雍正進行了一系列頌揚與禮贊。他的坦白從寬、諛辭諂媚、聖朝明君，契合雍正平服民心的用意。雍正責令重臣將關於此案的 10 道上諭、提審官員的審理意見，及包括曾靜《知新錄》、《知幾錄》片斷在內的 47 篇口供、張熙兩篇口供，輯成四卷本《大義覺迷錄》，且附錄曾靜積極認罪、投誠效忠的《歸仁說》，刊刻印行，傳播天下，要求各級官員閱後發表讀後感。他不顧以和碩怡親王為首的 140 餘位大臣的聯名反對，將曾靜放歸原籍，又給予一個不大不小的官職。並不實際的許以功名，貌似真誠的仁慈與寬闊，滿足了曾靜的期待與欲望，他也歡欣地成為雍正收買人心、反擊政敵的一粒棋子。

這一場由曾靜發起的悖亂活動，引發了最高統治者和地方大員的不安和恐懼，也牽連甚廣地鎖拿了不少無辜人。始作俑者曾靜，雖經受了枷鎖、殺威棒和驚堂木的恐嚇，但沒有受到雍正的嚴厲懲處，還得到了一個官位、千兩白銀。這是否出於雍正的寬仁，還是另有深意，需讀者深入沉思與體會。曾靜辭令的亂源，肇始於死者呂留良，呂氏也對新朝確有不恭，這無疑會產生一起著名的文字獄。雍正下令將呂氏戮屍梟眾，對呂家親人、族人及妻妾家人等，或進行了一律當斬的判處，或發配邊疆與官軍為奴。殘酷，無情，無助，慘屬，懾服了許多士子的心神，也激發後人編撰出呂氏幼女呂四娘長大學武后，斬去情人雍正頭顱的傳說。

　　傳說歸傳說，雍正在處理文字獄、政敵上，有著說不盡的慘酷與冷血。他將同父親弟老八、老九取名為豬、狗，對二哥、十四弟實行慘無人道的圈禁，把曾經的戰友隆科多、年羹堯先後送上黃泉路……即便對死心塌地效忠的岳鐘琪，也實現了兇狠的屠殺。岳氏的死是悲哀的，他沒有聽取曾靜進言去反叛異族政權，也沒有效學前任年羹堯擁兵自重，卻死於愚忠與兵敗上。他的悲哀，也是雍正的悲哀，呂留良與曾靜案，雖然得到了一個出奇、成功的解決，也擢升了親信大臣鄂爾泰、李衛等的官爵，卻未能因刊行《大義覺迷錄》，而杜絕篡位奪嫡、弒父誅親的謠言紛紛，更沒能防止天下人窺視宮廷爭鬥的好奇心理和悠悠之口。

　　雍正選擇公佈案情，試圖撫慰天下士子猜忌皇權合法性的不信任，讓曾靜的惑亂、認識、反省與歌頌，攻破思想激進分子們精心編撰的謠言風聞。這樣的做法，是他想趨同儒家思想，鎮壓政敵們興風作浪、蠱惑民心的不良和異端，彌合反映在地域、族群上華夷之別。他借用儒家傳統的天命觀、文化建構論，證實清廷定鼎中國的正當性、自己登臨寶座的合法性，同時破除曾靜一類小知識分子固守的「華夷之防」。這是一個融合族群文化、消弭滿漢對立的清醒君王的初衷，但他的決策，卻被接班人乾隆的背反常理，來了一次徹底的更改。乾隆上台不久，便嚴諭誅殺曾靜等，上演滅門劫難，並全國禁毀《大義覺迷錄》。這本超級暢銷書，一下子成了民間秘藏的珍品罕物。他如此做，是想補救皇家殺戮與朝廷爭鬥大白於天下的背後悲劇，卻在世人皆知與風傳的情勢下，無可奈何地進行亡羊補牢的堵截。百餘年後，留日的革命黨人在東瀛發現此書存卷，馬上想起了如何截取呂留良、曾靜的反滿言論，發揮延伸，拿來作為一種攻訐滿清政權的歷史依據。

　　雖然史景遷對雍正的尷尬和艱難，有很多同情和讚賞。然而，為什麼雍正興師動眾地緝拿呂留良與曾靜案的主犯和隨從，也拘禁了很多無辜者，但在案情揭曉時，不但沒有深究曾靜的罪尤，而是聲稱其受皇權爭奪者的蠱惑，為之開脫？為什麼乾隆登基之初，違背父意，對曾靜們執行一次血腥的屠殺？前者編纂出《大義覺迷錄》全國發行，而後者急速勒令禁止銷毀？知曉文人心需文人來說服道理的君王們，不但將寫出「清風不識字，何必亂翻書」的徐駿斬首，還對為雍正出力攻擊呂留良學說的方苞進行革職，是要給文人歡欣、溫柔和慰藉，還是讓士子有不盡的惶恐、感傷與蒼涼……不得而知。這是歷史的弔詭，也是專制下文化發展的奇特與怪異，更使史景遷結合朱批奏摺、宮中存檔、文字獄檔等，寫出了《雍正王朝之大義覺迷》的思考和強烈。他沒有固守在線性時間和僵硬空間中，而是運用迷人的蒙太奇手法，充分展現了那些人物的欲望和機心，那段歷史中不可複製的模式與意象，以及滿洲統治者們在尊崇薩滿教、藏傳佛教的同時，吸納儒家文化制約中原士紳、江南學子。這可看出，史氏作為一個西方學者，不僅體察到了滿人政權下不同文化的異質共容，還向我們傳遞出形塑與維繫這一特殊王朝、傑出帝王中央集權的複雜、多元、豐富和偶然。

（原載《新京報》2011 年 6 月 4 日）

文明轉型中的近代中國男人

　　隨著近代中國社會的到來，追尋文明的力量，總在宗法專制勢力的重重包圍中，艱難地尋求突破，苦痛地創造掙扎的風采。我們重溫、研究這一段歷史，發掘其所體現了文化革新與思想啟蒙的雙重意義，從百年變遷和文明轉型中分析特有的政治地位和社會價值，有利於洞察到中國近現代化進程中的歷史原相。

　　長時間以來，觸摸歷史的複雜紛紜，認識和理解中國社會與文明，諸多學者均有不同的具體表現。有從整體性上進行把握的，有從系統論上切入肯綮的，有著重談論某一時間、某一區域與某一事件的，各家論述，專重相異，但都是為了重返現場，去看社會轉型中的真實鏡像。余世存選擇舉足輕重的歷史人物為經，以近現代進程及發生的前因後果為緯，較為理性地在《中國男：百年轉型中國人的命運與抗爭》（九州出版社 2010 年 3 月版）的字裏行間，具象化百年轉型中的男性色彩。

　　縱讀書中 41 位不同時期、不同地位、不同角色的男人史料，余世存結合他們各自的人生選擇與堅持，予以了不同性質、分類界定的評判。諸如衰人龔自珍、過人徐繼畬、士人曾國藩、聖人武訓、強人張謇、譯人嚴復、才人宋恕、牛人吳稚暉、悲人光緒、寡人吳虞、軍人吳佩孚、畸人楊度、奇人張靜江、怪人李宗吾、覺人弘一法師、神人蔣百里、志人宋教仁、賢人范旭東、德人熊十力、癡人林覺民、俠人王亞樵、智人丁文江、達人杜月笙、書人王雲五、狂

人劉文典、完人盧作孚、史人蔣廷黻、毒人戴笠、學人傅斯年、真人瞿秋白、詩人聞一多、頑人張學良、義人何鳳山、赤人蔣光慈、述人張蔭麟、高人林同濟、天人吳清源、逆人殷海光、仁人張思之、隱人高爾泰和哲人王康，中間有帝王乞丐，有政要巨賈，有學者教授，有軍閥義士。除曾是「圍棋神童」堪稱「天下第一」後遭遇車禍慘澹歸去的吳清源、一生追求自由之美的現代美學大家高爾泰、信奉歷史為中國人的宗教的王康外，其他均已先後作古。他們在與社會、命途抗爭中保持毅然與超然，讓我們看到了民主追尋、文明轉型中的各色風采。

　　對於徐繼畬的瞭解，我們莫過於其不曾到過西方世界卻寫出的《瀛環志略》。是書較為系統、詳細地介紹了世界近 80 個國家與地區的地理位置、歷史變遷、經濟文化與風情人文等，於當時中國社會走向世界有著指南性意義。然其從天下觀走到邊緣政治、從朝貢國家體系走進民族國家體系的覺悟與清醒，卻為當時朝野不認可，甚至詬病，屢番禁止其著論形之於世，即便是後來寫出迄今仍具影響的《倫敦與巴黎日記》的郭嵩燾，也曾認為徐文美化西方，言過其實。就是這樣一部書，在日本接連再版，普及於一般教育之中，甚至被視為推動明治維新的啟蒙大書；也是這樣一個人，當時美國總統、國務卿專遣駐華使節登門贈送國父華盛頓畫像，130 多年後，時任總統克林頓於北京大學演講時，讚揚刻於華盛頓紀念碑下的徐繼畬言論，為「一百五十年前中美兩國關係溝通交往的見證」。而在晚清史上，徐繼畬雖為一方大員，但國際視野與世界觀念，始終不為朝廷意識。

　　在中國面臨千年未有的內憂外患的變局時，典型的儒家思想代表曾國藩，以其立德、立功、立言的非凡實踐，著稱於世。其堅決

主張學習西方的先進科技思想，而不停滯在購買西方器械的層面，他開辦安慶機械所，派遣年輕人留洋深造，刊刻西人格致類書籍。余世存著重分析了克己節欲的曾氏，雖有著內聖外王的思想，及時裁汰本已強大的湘軍，沒有因兵權在握而聽從部下、幕僚意圖自立的帝王陰謀；但，在咸豐國喪期間，其悍然娶小妾過門，或於血腥自鎮壓太平天國後，以屠殺同胞居功自賞。其素以模糊、矛盾的士人面目出現，讓人無法真實感觸多真實的情感、意志與認知。但這位首倡洋務外交、推崇道義外交、倚重軍事外交而敗於教案外交的大家，有著先進外交思想和實踐，豐富了中國外交哲學的內涵。

提及武訓，我們不由想起 1951 年對新中國首部禁片《武訓傳》的大批判。毛澤東發表《應當重視電影〈武訓傳〉的討論》，認為是片宣傳了反歷史唯物主義的反動思想，必須嚴肅批判。以康生等為首的一些政治人物，為撈取政治資本，別有用心地羅織種種罪名，以簡單的政治視角粗暴干涉電影學術批評，「上綱上線」，使影片創作者乃至主人公武訓長期蒙受冤屈。史上武訓，出身貧寒卑微，因年輕時不識字而受人欺騙，決心行乞興學，以便讓窮人的孩子能讀書識字，免受有錢人的欺侮。30 多年過去，他傾盡積蓄，陸續在堂邑、館陶、臨清辦起三所義學，仍然乞討過活，艱難度日，雖貢獻錢財達當時朝廷年財政收入的八分之一，但他即便患重病也寄居在學館屋簷下，直至死去。其行乞興學的大義舉，歷來受到統治者推重與周圍百姓愛戴。余世存認為「這個乞丐決非一個吃了上頓沒下頓、心為物役的小民，而是發下金剛心有著非凡智慧的行者、聖者、明哲」。武訓終身不曾婚娶，所辦學校皆稱之義學，受後世景仰、傳頌，乃名至所歸。今天各地多盛行慈善之事，乃社會之福，而有不

少在捐贈合同，往往先出現以捐贈者冠名、請賞與塑像的字樣，作為物質社會的理想回報，本無可厚非，但讀及武訓事蹟，我卻發現現代慈善與傳統文明之間的微妙與內涵。

何鳳山在二戰中，出任駐維也納總領事，當時，希特勒瘋狂殺害猶太人，猶太人千方百計逃往國外，英、美等 31 國使館都拒發簽證。何不畏強暴，敢於擔當，頂住上司壓力，給數千猶太人發放了移民中國上海的「生命簽證」，助他們逃離虎口。他成為拯救猶太人最多的外交家。猶太人讚揚他是「中國的辛德勒」、「中國人的驕傲」。2001 年 1 月，以色列政府在耶路撒冷隆重舉行儀式，授予其「國際義人」稱號。是年，聯合國總部舉辦「生命簽證：正義與高貴的外交官」紀念展，展出二戰期間拯救猶太難民的各國外交官事蹟，何鳳山是其中唯一的一位中國外交官。余世存為其紀實，並讓我們在何氏善舉中，感知男人一生該做多少事，是有一定的普世價值的。

余世存筆下的人物，均為鴉片戰後至今的思想者，他們為了實現自己心中的期待和夢想，殫精竭慮，義無反顧地擔當起拯救中國近現代社會價值體系與倫理道德制度，同時無形地致使人格複雜、精神分裂的鮮明重現及對比。龔自珍在衰敗晚清史上，欲憑藉獨自能力，打破「萬馬齊喑」的僵局；劉文典於腐敗民國時，敢於冷對獨裁者蔣介石的威權。張謇歷經二十餘次科場考試，多番輾轉，後來走上了實業救國的道路；楊度從乃師王闓運手中接過帝王術，幾經沉浮，最終詮釋曲線救亡的理念。吳佩孚以秀才身份從軍，成為北洋軍閥靈魂人物，而落魄後為歷史奉獻了「得意時，清白乃心，不納妾，不積金錢，飲酒賦詩，猶是書生本色；失敗後，倔強到底，不出洋，不進租界，灌園抱甕，真個卸甲歸田」

的秀才武夫、學者軍閥風采，讓人景仰；吳虞曾在未名湖畔高談闊論，一副反儒非孝的姿態力推新文化運動，針砭封建禮教與被理學改造後的孔孟學說，但刻薄待人，為爭家產不惜與老父對簿公堂，有錢狎妓而不願供養親女讀書，甚至據他人生活腐化為理來充斥自己濫情逞欲之由，於 59 歲時強娶 16 歲的小妾，令人齒冷。不論他們在時代背景下，具有怎樣的本來面目，余世存都是選擇由「話語」轉向「人」本身的方式，尊重歷史，夾敘夾議，獨立切入，平實思考，雖帶有激烈的民間、個體色彩，但對於真正瞭解和認識近現代中國大變局的主體、參與者、推動者及承受者，具有理性評價的意義。

余世存沒有採取尋根究底地挖掘史料中的情事、隱私的方式，而是遴選在思想上特立獨行的非常人物，並尋租舊式話語，於歷史敘事與冷靜論說之間，解讀他所認識的晚清、民國史上及當今的「中國男」，在百年轉型中的命運和抗爭。寫他們尋求個體尊嚴的孤傲清賞、理想欲念，寫他們捍衛人身權利的艱難自立、內省外觀，寫舊知識分子們的耿介清正，寫宵小思想者們的褊狹狡點，也寫多種意識形態中的誤會與短視。不論是推動社會進化的知識分子，還是扼殺民主文明的特務青幫，余氏自由的思想，總是在客觀審視、全面考察的維度中，糾正不符歷史的、有失公正的辨識，使那些長期以來頗受爭議、漸遭忽略、已被醜化或矮化的形象，在民族記憶與歷史反思中獲得重新修復。《中國男：百年轉型中國人的命運與抗爭》，不僅未曾停留在史料考據的層面，而且突出了史料背後的社會價值，盡可能地為歷史事件和歷史人物，避免為人們故意而無趣地模糊、歪曲與陌生化的印象再現。不然的話，會有更多的文科學子途經嶽麓山西山腰丁文江墓前，詢問丁氏何許人也、有

何作為。當新時期轉型中的諸君捧讀此部識見獨到、思辨出彩的人物志時，余世存已發出激越大聲──丁文江先生乃「科學化最深的中國人」也。

（原載《中國圖書商報》2010 年 6 月 29 日）

書生報國的中興挽歌

　　19 世紀的中國歷史，五彩斑斕，也驚心動魄，沾滿了血腥硝煙，見證了滿清政權江河日下的衰朽、腐敗和掙扎。自道光朝始，西洋列強不斷用鴉片、紡紗、資本、洋槍洋炮、基督教義與威逼恐嚇，侵蝕、震懾、亢奮這個已閉關鎖國了不少歲月的東方大國。雖然林則徐、魏源之流陸續呼籲國人要睜眼看世界，然長期宗法制統治、民族爭鬥的中國，對外接連割地賠款，許可西人入內傳教佈道，行使治外法權；於內卻是王權紛爭、貪腐盛興、經濟破產、會黨暗結……一系列天災人禍出現，使百姓日益不堪艱難時世的盤剝侵害，紛紛尋找喘息、苟存的機會。不少開明官員、不第秀才、破落地主、窮苦農民、小手工業者，受內心的名利、福祿和事功願景的驅使，不甘被落寞社會的炎涼、冷酷澆滅。他們熱血酬志，踔厲敢死，為了理想，走上了各自不同的不歸路。

　　洪秀全、楊秀清、蕭朝貴們選擇了「拜上帝教」，用「上帝之子」、「天父」、「天兄」的名義和迷信，揭竿而起，攻城略地，打著「太平天國」的旗號，意圖鼎革政局。江忠源、曾國藩、左宗棠們，聚集在「湘軍」旗幟下，用書生報國的英雄氣勢與果敢行動，歷經十餘年，翦除內亂，雖最終未能完成中興宏圖，卻顯現了晚清史上精彩、迷離和蒼涼的燦爛一瞬。這些，被王紀卿以紀實的筆墨、開放的心態，寫進了《帝國餘暉》（嶽麓書社 2011 年 2 月版）。只不過他精心勾勒的是「湘軍將帥的鐵血征程」。

　　不能否認太平軍早期對封建帝制的革命行為，具有摧枯拉朽、加速毀滅的意義。但洪楊入主南京後，階級等級森嚴，權貴生活糜爛，朝政綱紀紊亂，爵位亂封，男女分居，《天朝田畝制度》、《資政新篇》等綱領形同一紙空文。暴力、貪腐、淫逸、瘋狂、迷信、內訌傾軋和荼毒百姓，日見興隆：幼天王洪天貴福回憶其有 88 個王娘，洪秀全住進金陵王宮後 11 年不出宮、出行抬轎者達 64 人，韋、楊大屠殺斃命兩萬餘人，胡亂封王 2500 多個，李秀成的忠王府讓見過大世面的李鴻章驚歎為「平生所未見」的「神仙洞窟」……駭人的資料，奢侈的事實，無一不是建在百姓的苦難、血淚和痛苦之上？這樣的政權，讓民不聊天，又怎能給老百姓做實事、謀幸福，如何讓國家民族真正實現「無處不均勻」？

　　雖然太平天國運動這一場聲勢浩大的農民起義，對後來的辛亥革命和中國歷史進程，有著其他不可替代的積極意義，反映了部分先進中國人向西方尋求真理、探索救國救民道路的迫切願望。但它借助基督教義，推行神權、王權和蒙昧統治，反對、捐棄儒家文化傳統，必然會招致知識分子們的強烈反對。江忠源、劉長佑、曾國藩、羅澤南、王鑫、李續賓、彭玉麟、胡林翼、鮑超、左宗棠等先後出現，向洪楊集團展開拼死剿殺，體現了儒家士子的報國情懷和事功尋求。

　　王紀卿以史為據，以隊伍成軍先後為序，交代湘軍十大將帥的生平起落，刻畫他們組織團練，與太平軍生死較量、鬥智鬥勇的壯闊情景。其中表現的湘軍大佬群體的書生本色、幹將氣勢和赤子形象，清晰耐讀，翔實豐滿，讓我們在遠離戰事現場的百餘年後，近距離感知了眾說紛紜、褒貶不一的歷史餘溫。

　　平常我們談及湘軍，會即刻想到曾左胡彭，甚至將大多數的榮耀彙集曾國藩。當我們用心去翻讀湘軍史，卻會發現更多少為人知

的精彩。尚在曾氏居京做官時，江忠源、劉長佑便募集楚勇出省作戰，而且江氏這位湘軍的祖師爺、曾氏的道德弟子，向乃師傅授了很多實戰經驗和軍事思想。曾國藩辦團練之初，有過成大儒和做統帥的矛盾，先是郭嵩燾的鼎力勸說，後得羅澤南、王鑫的大力幫助，經過一番「屢敗屢戰」，方成「聖相抑或元兇」。羅澤南在整訓用兵時，推行一系列策略和禁令，如不拿群眾一針一線，不得求買求賣、強賒強借，不許調戲、強姦婦女，考核官兵的思想品德素質，建立軍事生活民主制度，已有後來《三大紀律八項注意》、把政治思想工作建在連隊、現代軍隊政委工作的鮮明色彩。

　　湘軍大佬中，並非全是湘人，鮑超原籍四川奉節。他們受時代驅使，結成了「紮硬寨」、「打死仗」的優秀團隊。由於曾國藩是奉旨辦團練，他成了名義上的湘軍共主。然，不論其有多大的鑄造完美人生的決心和魅力，內部也不時出現矛盾、嘩變和分裂，形成諸多派系。剛烈的王鑫不僅拒絕曾氏欲收作弟子的美意，又遭排斥帶老湘營脫離單獨作戰，英年早逝後，餘部又被左宗棠編練為新楚軍。劉長佑統帥的江忠源舊部，不斷增益，輾轉作戰，基本上不受曾氏節制。胡林翼打造的鄂軍，脫胎於黔軍，雖借鑒過羅澤南的湘軍營制，但主要活動在湖北，也相對獨立在曾氏軍權體系之外。

　　王紀卿挖掘湘軍大佬們在戰爭歲月的傳奇色彩，將他們性格上最具特色、給人印象深刻的成分，逐一展現在我們面前。江忠源年輕時嗜賭近色，但三十而立後，雖時遭艱難，也對國家百姓極盡忠誠，一副真率俠義風采，讓曾國藩滿是欽敬、感歎。劉長佑與權貴往來，同強敵周旋，或對外交涉，都沉著冷靜，不減儒將風範。李續賓在三河一役，明知險境，不懼覆滅，孤軍深入，毫不退卻，用一身傲骨、一軍威武寫成了湘軍史上最大的悲劇。

　　這些傑出人物，除無敵驍將鮑超勇猛威懾強敵外，大多原為文弱書生，滿腹經綸，曾在科舉途中多次鎩羽而返。一旦他們成為領軍人物，個個都是上馬殺敵、下馬讀書的英雄漢。這一場長達 15 年的內戰，成就了他們的功名人生，凸顯了曾國藩的賢、羅澤南的堅、彭玉麟的剛、胡林翼的謀……睿智的左宗棠，更是一個傳奇人物。史學界認為，他是自唐太宗以後對國家領土貢獻最大的人物。他「身無半畝，心憂天下；讀破萬卷，神交古人」，帶著棺材收復伊犁，不但在政治上是強硬人物，而且主張外交和軍事同時進行，先之以議論，決之以戰陣。他從戰略外交著想，塞防與海防並重；從實力外交著眼，談判與武力並舉；從務實外交著手，抗爭與妥協並用。然，這樣一個強硬主戰形象，卻以為外國不是中國的屬國，不必「以中國禮法苛之，強其從我」，中國政府應按國際慣例接待使節，而不能將外國來使一律看成「貢使」，強求見皇帝要三叩九拜，對於左氏的鐵腕、偏激、方圓與孤傲，我們需結合時局背景和社會現實來看待，綜觀他收復北疆、決戰南國、平定伊犁及成為中法戰爭的主心骨等事蹟，自會感歎他有同曾國藩一般的輝煌、曲折與聰明。

　　王紀卿在描寫不同人物的文字中，點染湘軍的組建、發展、崛起、鼎盛和裁汰，將早已湮沒在歷史煙雲中的精彩片段，鋪陳在湘軍突起、天下勁旅的壯闊圖景中。這不是為地主精英、好戰分子唱讚歌，頌功德，而是較集中地重現那一段耕讀文化下書生被迫從戎的崢嶸歷史。他寫他們在軍事政治上的智名和勇功，制勝於非易勝之中，也不迴避他們的作戰失利、投水自刎、慘遭覆滅、瘋狂屠城和內部鬥爭激烈一類的悲屈和恥辱。這些，若非政局混亂、內憂外患，他們也許只能像江忠源一樣屢試不中、慘澹度日，如羅澤南一般面對親人接連罹難的殘酷現實，或老死鄉野、落寞而終……頂多

成全曾國藩做一個醇儒的夢想，讓鮑超在綠營無奈地甘當炮灰。歷史不容許篡改、另演，我們不能遺忘太平軍源於底層百姓、市井貧民，也不能忽視湘軍多是農家子弟、耕讀士人。他們的廝殺是殘酷的、無情的，讓後人甚為遺憾、沉痛。洪楊集團腐化淫逸，大肆封王拜相、欺詐黎民，加緊擴展地盤、人口，牽制中央政府主要兵力，引發一群讀書人不得不集結親友鄉鄰奮力反擊，卻方便了外敵頻仍用兵入侵中國內地、攻陷京師、屠殺同胞、焚燒勝景。尊重歷史，我們應正視湘軍的抗擊行為，雖屬替帝制衛護，但他們始終堅持著保國衛民的理念，而忘記了營造享樂的資本和領地：江忠源奔父喪時靠他人湊集盤纏，劉長佑一件布衫一穿就是好幾年，曾國藩在權力頂峰裁撤湘勇……潛在見證了湘軍為何而戰、戰而不屈的歷史。曾國藩們試圖中興沒落王朝，殊死努力，用心良苦，不啻於晚清史上書生報國的最無奈、最斑斕也最悲愴的時代挽歌。

遺憾的是，王紀卿在《帝國餘暉》中，雖用較大篇幅敘述了劉長佑、左宗棠與外敵交涉、征戰的寸土不讓，而對曾國藩處理天津教案僅一筆帶過，明顯忽略了在中國近代外交史上，曾國藩所具有的、不能短視的重要性。不論他在教案外交上是怎樣的輸家，但作為洋務外交首家、道義外交名家、軍事外交大家的思想和實踐，他確有值得大書的內涵和意義，這也是湘軍書生頑強報國的一大亮點。

（原載《新京報》2011 年 3 月 26 日）

恩怨留與後人說

　　五年前的金秋一日，我和幾位文友閑聚，聊及銅官窯，頓時興起，欣欣前往。於是，擠公交，乘小舟，搭出租車，經過近兩小時顛簸，終於來到有千年古鎮、十里陶都之譽的銅官。我們見到了一塊省府頒發的重點文物保護單位的水泥牌，看到了萬綠叢中透露的幾許神秘，但沒看到唐詩人李群玉所說「焰紅湘浦口，煙燭洞庭雲」的情景，也沒遇上窯火閃爍、車馬群集的熱鬧場面，更不用說同在此設衙主持鑄錢的古楚官員不期而遇。遺址猶在，龜縮在林木深處，高牆圍起，鐵門緊鎖。我們不想敗興而歸，繞著圍牆，欲求一處攀牆而入的方便。機遇偶得，然室內黃土壘積，只能尋來幾片破瓦殘罐，悻悻而歸。

　　後參與《中華大典‧藝術典》編輯工作，中有一分典專屬陶瓷藝術，我自然想起銅官窯。編纂方依史為據，易名長沙窯。單論陶窯而言，二者無異，何況長沙名盛遠勝銅官已久。我不能遺忘銅官之遊，對關涉是處的文史掌故，興趣稍濃。近獲一卷袁慧光校注《銅官感舊圖題詠冊校訂》（嶽麓書社 2010 年 10 月版），為穿插其間的清末民初諸多政要名流的書法吸引，慢慢揣摩，細細研讀，又被書中對應的文字同史實觸動。

　　咸豐四年，曾國藩奉旨在湘操辦團練，聞知與銅官隔江相望的靖港，麇集小股太平軍勢力，遂親督水師，欲成初戰大捷，提升軍威。怎料一戰即潰，損失慘重，鎩羽而歸。曾氏書生氣短，茫然傷

心，跳入湘江。幕客章壽麟縱身施救，使之倖免，成就了曾氏後來封侯拜相、覆滅太平天國的生命基礎。後來曾氏多有自殺行為，尤其在鄱陽湖口不敵石達開，故伎重演，跳水自殺，眾所周知。但其最終練就了「屢敗屢戰」的心智與韌性，帶領湘軍文武在晚清政壇，加官進爵。而救命恩人章壽麟，只在曾氏轄區謀得一職知縣，未得報恩，屢失肥缺。至曾氏身後，章氏致仕知州，始終未得舊主過多的好處和照顧。輾轉二十餘年，章先生宦意銷蝕，告老還鄉，途經「手援」曾氏故地，觸緒紛來，不能自已，遂畫了一幅《銅官感舊圖》，寫了一篇自記，半述舊事，半發牢騷。

　　湖湘士子，立身於世，首推功業。長沙人章壽麟（字價人）早年投筆從戎，追隨曾國藩，試圖成就一番事業，封妻蔭子，而結局不遂所願，曾氏未能「有其義之至當焉，並以念後之君子」。他衡量得失，鬱積憤懣，哀命運不濟，歎造化弄人，創作圖文，傳至朋僚故舊，得左宗棠作序、李元度撰文、王闓運題詩，各有玩味。湘軍集團相關人物深有感觸，又有後世名賢追隨前人，或序或跋，或記或歌，或贊或詩，對當年曾氏戰敗自殺的情況，多有敘述，各有感懷與臧否。

　　同是曾氏幕僚出身，且為曾氏自殺的見證人，李元度稱「價人雖不自以為功，天下後世必有知價人者」，貌似高揚章氏風範脫俗，確是一味挖苦、嘲諷其自以為是「援一人以援天下，功在大局不淺」。陳士傑對章氏坎坷不遇，艱難困頓，稍具同情，也不忘對他欲使天下後世知曉其戡亂大功，潛在齒冷。

　　左宗棠與曾國藩行事格格不入，常有微詞，但對其為人操守、處事原則，多有崇敬。他對章氏有援手之功卻仕途平淡，不無悲憫情懷，然對其矜誇偉功、歸隱大怨，甚是不屑。曾氏之所以能襄贊

中興盛舉，關鍵在於道德文章之餘，極具經世致用的激情與壯懷。其早將生死忘乎江湖，是歷史之必然、人力之勤勉，章氏有些言過其實罷了。王闓運善言相勸，「憑君莫話艱難事，倖得倖失皆天意」，且直言曾氏兵敗，乃聽信章氏舅父彭嘉玉計策突襲靖港，有遺恨壽麟嫌疑。

面對流蕩恩怨之情、酸辛之氣的圖畫與文字，很多人不無感傷和蒼涼。深受維新思想影響的侯昌銘，寫道「喜見凌煙競策勳，畫圖誰識故參軍」；曾宣導尊孔讀經的饒智元，感慨「南征賓客多貂尾，回首山丘總淚垂」……

有著封侯拜相心理的章壽麟，本身不具左宗棠、李鴻章、郭嵩燾一般能屈能伸的大才，只能官運平淡、抑鬱而為，留下一軸畫、一篇自述，引來各色人物，評說是非，漫議恩怨。湘軍內部褒貶不一，而俞樾、張謇、徐世昌、蔡元培等外圍人物，亦紛紛抒發不同感想、各自看法。章氏二子章華、章同，做過翰林學士，曾邀名流為其父畫卷題款作記，且將相關近百篇詩文手跡，輯成《銅官感舊圖題詠冊》，於宣統二年（1910）印行，後有 1969 年台灣文海出版社影印出版，但不曾有其他版本問世。

今人本著還原歷史現場、恢復銅官古窯、重建歷史遺址的文化使命，對《銅官感舊圖題詠冊》，斟字酌句，進行校注，不避艱辛，仔細推敲，並將作者生平作了概要說明，同時加入了從故紙堆中發現的吳緯炳、袁克文的詩歌，及嚴復、章士釗的文章，對於我們瞭解百多年來人文歷史對章壽麟是非榮辱的評判，提供了豐富可靠的史料，以及不乏情趣和道理的軼聞。

文化是漫長歷史與不同事物的靈魂。作為人文景區，銅官要想讓更多的人，重新走進這一片古陶勝地，則需用悠久精彩的傳統文

化，迷戀、陶醉人們產生各種各樣強烈的期待和憧憬，近距離地產生各式各樣的歡欣、鍾情和戀愛……當我看完《銅官感舊圖題詠冊校訂》，不但清晰地認識了章壽麟悲屈而無奈、苦痛且迷離的心境狀態，還更多的是為今天的銅官和銅官人慶幸，它的問世，將是凝聚特有文化、生發魅力的一種良機。在不斷遠離銅官時，我因這些詩文的緣故，而對其依舊那麼親切，自然也想尋找到重訪故地的機會和驚喜。

（原載《中國社會科學報》2011 年 1 月 24 日）

狂歡過後成祭品

　　不能否認，在中國近代史上，義和團對西方列強在政治、軍事和文化上的對華侵略，起到了一定的抑制作用和對抗意義，被視為民族意識的覺醒與民族主義的反映。但，瘋狂的反抗、報復導致的非理性殺戮，不僅使兩百餘名傳教士、兩萬多名中國教徒死於非命，且有許多無辜的外國人和中國人遭到了致命的戕害。

　　在特殊意識形態下，不少人對義和團運動賦予了正義、肯定和激賞的評價。然有史家學者卻清醒地認識到其中的迷信、暴力、荒誕、混亂、恐怖、反動和頑固。李大釗在著名的宣言性論文《東西文明根本之異點》中指出：「時至近日，吾人所當努力者，惟在如何吸取西洋文明之長，以濟吾東洋文明之窮。斷不許以義和團的思想，欲以吾陳死寂滅之氣象腐化世界。」唐德剛一針見血地將義和團與「文革」中的紅衛兵、武鬥相提並論，批判為一次清廷的權力紛爭。這些，我們在鶴闌珊《天朝的狂歡：義和團運動興衰史》（廣西師範大學出版社 2010 年 10 月版），不難找到相應的內容。

　　自鴉片戰爭以來，西方列強為了進入、分割、佔據廣闊的中國市場，向內輸送商品、鴉片甚至西洋科技文化，不斷同中國地方民眾、中央政府發生摩擦，動不動上演軍事角力，造成日益積弱的清廷，不時低頭屈膝、割地賠款、開放商埠。天災人禍接連不斷，百姓生活越發貧苦，列強耀武揚威，華人備受欺辱。就連一個傳教士來到某地，購置幾處房產，聚眾佈道，搶購田地，吸引成百上千的民眾頂禮膜拜。

　　傳教士獲准傳教、成立教會，仗著治外法權，不受清政府管轄。不良教民也乘勢欺壓當地民眾。地方官員迫於教會的壓力，不能在審判時公正處理，只哀歎受害者怎不為教徒。時間長了，百姓自然不甘被如此欺壓，大刀會、梅花拳、神拳、哥老會等民間組織，也慢慢積聚了替民眾做主、代官府行權的反教力量。巨野教案，梨園屯教案……一個個反擊教會的行動產生了。即便曾國藩在統帥湘軍、籌辦洋務時，是何等的英武睿智，而在教案外交上，只能是一個典型的輸家。雖時有官府派兵前來干預、圍剿，甚至誘殺了為首者劉士瑞、閻書勤、趙三多等，但上級政令閃爍，無法抑制住義和團借設壇扶乩、玩刀槍不入且日益興盛的鬧劇。

　　當時華北地方經濟破產，傳統社會綱紀解體，秘密會社悄悄結集，最終形成了群龍無首、魚目混珠的隊伍。他們主要集中在山東、山西、直隸等省，地方長官大多有著山東巡撫毓賢的心態，「民可用，團應撫，匪必剿」，擬將這些民間力量收編為民團，冀圖騰出手來打擊土匪，防患外敵。

　　義和團的興起和壯大，並不具有統一的領導者、嚴密的組織體系和紀律性，如同一盤散沙、烏合之眾。花拳繡腿，祭神念咒，燒香禱告，裝腔作勢……這些荒唐的把戲，麻木了被現實逼往絕境的百姓、流民、小手工業者。他們在艱難時世慘澹度日，痛苦掙扎，尋找生存的隙縫與喘息的瞬間。船家女兒林黑兒自稱「黃蓮聖母」，組成紅燈照，紅衣紅褲，右手提紅燈，左手執紅摺扇，紅滿半邊天。流浪船夫張德成一次從官府救出幾個練拳的年輕人，便成立壇口，自稱「天下第一團」，聚集了上萬之眾……一些酒肉和尚、地痞流氓，鋌而走險，成為了一方壇口的大師兄。他們受到了民眾的歡迎，被呼為「活神仙」，完全是因商埠的開放、租界的圈定、洋人對居民的壓迫所致。

德國集團欲將山東劃入勢力範圍，頻仍製造事端，聖言會傳教士安治泰多方挑釁，駐華公使克林德在京飛揚跋扈。但，中國最高集權者慈禧，斷然不會容許外來勢力對其權威的蔑視和挑戰。此前西方列強干預她廢黜光緒，使之計劃破產；如今得報西人集結兵力，逼其歸權於帝，更讓她出其憤怒了。她重用載漪、剛毅為代表的主戰力量，頒令原本仇視的拳匪為義民，似乎無懼地向十一國宣戰。

安治泰的禍害，使山東成為了義和團的發源地；德軍強佔膠州灣，激發了中國民眾對外來勢力的仇恨；克林德被槍擊，更是燎燃了中外矛盾的導火線。而慈禧連續多次召開御前會議，也是聽說德國人西摩正領導八國聯軍進犯北京。這些看似中德矛盾是最主要的。美、英、法、日、俄等，趁火打劫，濫殺、強姦、搶劫、縱火……馬克‧吐溫曾寫道，在河北任丘縣，美國傳教士梅子明以「用人頭抵人頭」為口號，殺害無辜農民 680 人。最後，他們勝利地脅迫清廷應允賠款 4.5 億兩白銀，圈定勢力範圍，懲治主戰的王親權貴，剿殺無助的百姓。

慈禧保住了權力地位，但四處躲逃過後，餘悸惶恐，被迫下令誅殺曾經的戰友愛卿。端郡王載漪利用拳民追逐皇權、引發聯軍亂京，但沒等來兒子登臨大寶，卻被指為「首禍」定斬監候罪，流放新疆，轉而發放甯古塔。協辦大學士剛毅素來主戰、排外，雖曾公正處理楊乃武與小白菜案，然未能公正地面對、反映義和團的「邪術歪道」，導致中外交惡最大化。慈禧在拿義和團作犧牲、炮灰的同時，也沒忘拿這位能臣幹吏充當替罪羊。載漪、剛毅之流對滿清皇權滿懷忠誠，但在內憂外患時期意圖借用民眾的愛國激情，推翻光緒，別有用心。史家唐德剛地將載漪四兄弟比作後來的「四人幫」，拿剛毅和林彪做了比較，也是不無道理的。

　　義和團的鬥士們，原想過些安穩自足的日子，而機遇屢屢不得。他們從最初的反清復明，發展到舉起「扶清滅洋」的旗幟，卻自始至終不曾改變命運，即便踏進過暫時設為壇口的王府、衙門，但當權者在利益遭受損害時，自會無情地拋棄他們，甚至趕盡殺絕。我們在電視劇《闖關東》中所見到的朱開山，就因參加過義和團，遭到官府追殺，而被趕進了荒蕪、野蠻的大金溝。

　　我們在痛恨西方侵略者和慈禧之流時，該冷靜地看到拳民們的迷信、愚昧、瘋狂和麻木。他們反對西洋教的迫害，也欺辱、剿殺、迫害自己的同胞，幹了不少中傷人道、破壞社會的蠢事：殺戮老幼，集體屠殺，火燒民宅，挖斷鐵路，摧毀衙門，焚壞車站，砍倒電線杆……留給我們的，是感傷和蒼涼，無奈和哀痛。

　　歷史不會因為塵封、扭曲和篡改，及意識形態，而有所改變。鶴闌珊借助文獻史料，在《天朝的狂歡》中，通俗易懂、深入淺出地解讀義和團運動的興衰成敗、是是非非，盡可能地作了公正的敘述。事與景穿插而行，理同情交融一體，不同利益代表、不同價值取向的歷史人物的思想、品格、心理、事功，一一重現在那一段斑斕的、屈辱的、悲烈的而並非光彩的晚清歷史中。

　　我們要堅持平視的眼光，辯證思考，看清當時政局和國際紛爭下不同人的選擇和作為，認識和把握西方列強文明實質。洋人們不遠千萬里地來到中國，不是簡單地要胡作非為，而是尋求資源、擴大市場。而從乾隆朝開始，中外交往的一大障礙就是要不要行跪拜禮，朝廷在皇帝能不能及如何會見外國使節等虛文上糾纏不休，成為觸發或激化中外矛盾的重要因素之一。在今天看來是再正常不過的禮賓常識，於當時看來，卻是「體制攸關」的大事，不能讓步。這背後是一個重要的文化心理：中國是天朝上國，與其他各國不是平等的國體。

長期宗法制統治和閉關鎖國造成的愚昧，影響著中外交往的正常印象。當時中國外交，動不動以賠款割地為籌碼，結果是不願吃明虧而吃了暗虧，不願吃小虧而吃了大虧。

　　長期以來，人們只看到列強在中國扮演侵略者的角色，在中外衝突中，中國是正義的一方，卻很少發現缺乏法律意識的拳民、教民和昏聵的官僚，具有爭取、忍讓的開放心態。某些眼光遠大者，在策略上暫時、局部和必要的妥協，也被一律斥為「賣國」。更多的利用、盲目、迷狂、悲烈和無可奈何，影響了後人不能站在歷史風雲時局中，正確辨識真實的歷史。這一場所謂反帝愛國的運動，並不具備嚴格意義的革命性質，而列強迫使清廷以每一個中國人賠億兩白銀的威逼，成為晚清史上最大的一次悲屈和恥辱。拳民們被逼後的激勵反抗，被當權者、主戰者們不辨時勢、推波助瀾地利用、玩弄，成為了廉價的、不光明的禦敵工具。當我重溫這一場中國百姓、洋人和清廷的大博弈，不由感歎袁世凱、聶士成甚至光緒帝主張鎮壓義和團的長遠考慮，也不由想起了徐用儀、許景澄、袁昶等人的清醒與冷靜，在帝制和耕讀文化的餘暉中，不得不被覆滅，成為不能忘記的祭品。

（原載《南方都市報》2011 年 3 月 20 日）

「中國通」的中國情結

　　自 19 世紀中國國門被打開後，朝野上下多見藍眼睛、捲頭髮的西人影子，或是生活多年的傳教士、外交官，或是雇傭的外籍官員、教習和科技人員，或是西方報刊派駐及在華西文報刊的記者，或是考察、遊歷的作家、學者、探險家、律師和到此經營的商人等。這些來華西人，經過長時間地熟悉中國城鄉的社會經濟生活、各階層的日常信仰行為、文化接觸、政治制度運行等，頗有感觸，有不少人形諸文字進行綜合記述或具體描述，輕鬆活潑，感性突顯，很少有古板學究氣。曾有黃興濤、楊念群主編一套「西方的中國形象」譯叢，在中華書局推出，其中有何天爵《真正的中國佬》、約‧羅伯茨《十九世紀西方人眼中的中國》、哈樂德‧伊羅生《美國的中國形象》、明恩溥《中國鄉村生活》等 10 種，頗得學界與讀者好評。他們觀察中國，雖難免受西方思維制約對不少事物的見解有失偏頗，但他們以外人獨有的視角和眼光打量、考察這片土地，並以生動形象的語言、真實可鑒的照片記錄觀感和驚奇，對於我們今天和將來瞭解、研究清末民初那一段滄桑歲月，具有不可多得的價值和作用。

　　在西方教會派至中國的傳教士中，有部分危害一方撥弄是非，致使傳教士形象為主流歷史研究、大多知識分子所詬病，但確有不少專心傳播耶穌學說、擔當外交商業橋樑，或服務於中國科教衛生事業不遺餘力。美國北長老會傳教士丁韙良，在中國生活 62 年之久，曾任同文館、京師大學堂的西學總教習，精通中國語言和文學，

為當時首屈一指的「中國通」。在他的內心深處,「中國是當今世界正在發生的最偉大運動的舞台。……它所承諾要做到的事情是讓這個最古老、人口最多和最保守的帝國得以徹底的振興」。他對中國情有獨鍾,也時刻不忘用有價值、有震撼力的文字向西方世界介紹中華帝國的文明,或糾偏西人對中國的誤見與短視。

其於 1896 年出版的《花甲記憶》主要回憶了他當時來華 46 年所經歷的各種事件和結識的各類人物,並對其執掌同文館前後感受到的中國社會外部生活多有如實記載;1901 年問世的《漢學菁華》,紀錄了丁氏觀察、分析中國人內在精神生活、中華文化的核心與內涵及包括科舉考試、國子監、翰林院與京師大學堂的等問題的中國教育定位的心路歷程。而於 1907 年首版、後來重推的《中國覺醒》(沈弘譯,世界圖書出版公司 2010 年 3 月版),縱橫回顧了數千年中華文明發展進程,著重描述其 1902 年至 1907 年間所親歷的清末新政,並試圖解釋推動中國社會鼎革的潛在因素,書名取自《漢學菁華》的序篇「中國的覺醒」,可視為前二書的賡續及補充。

雖然丁韙良寫作《中國覺醒》,帶有不少期待晚清當局推行憲政進行改良以謀取強盛和開放的心思,於不久便被辛亥革命的浪潮幾乎澆滅,但他對中國人的瞭解與同情,對晚清社會細緻入微的觀察、特立獨行的思辨,以及對中國國家地理、歷史與炮火硝煙中的變革的審視,非同時期有機會觀察中國的西方人及其有關著作可比。即便長期以來,不少教科書和文章將丁氏擬定為帝國主義分子或帝國主義文化侵略的代表人物,但他認識中國的文字與思想,可讓人瞭解真實的他。

由於丁韙良身處朝廷,際遇獨特,有較長時間遊歷大江南北、閱讀不同時代經典,並不斷搜集、整理和分析史料,使得《中國覺

醒》中的內容豐富、翔實。是書分為帝國的全貌、從遠古到 18 世紀的歷史綱要和正在轉變中的中國三個部分：第一部分 12 章，從介紹中國五大地區氣候、地域與人口出發，逐一分析十八行省和邊遠地區的風土人文，提綱挈領，有詳有略，深入淺出，及時結合自身觀感、歷史源流與嬗變，毫無枯燥的說明氣味，並可見出其對中國小城鎮的喜愛；第二部分 14 章，除對中華民族起源、神話創世時代、三皇五帝故事與儒道領銜的聖賢體系不惜筆墨地談論外，重點分析周秦、兩漢、三國、南北朝、隋唐和宋元明清的興衰成敗和文化源流；而第三部分雖只 6 章，但屬書中之重，他把中國的開放稱之為一部五幕正劇，對鴉片戰爭以來的太平天國運動、亞羅戰爭、中法戰爭、甲午戰爭及義和團運動一一作了較為具體的分析，並著力刻畫了日俄戰事的前前後後、晚清變革的方方面面與改革領袖張之洞、左右政局的慈禧太后、中國國民的排外風潮。

　　丁韙良對中國地理、歷史的理解與把握，沒有停留在以論代史、以抄代著的層面，而是有效地結合自身經歷和廣泛洞悉，帶著知識分子的使命感和憂患意識，從世界歷史發展全域去觀察中國歷史與命運。不論介紹哪個省域地區何代政權人物，他都能說出許多耐讀的內容來，如對香港、澳門的梳理，對李世民、朱元璋的剖析，讓我輩不得不驚服於他中國知識的嫻熟程度。他的敘說，不是平鋪直敘、照本宣科，而是有理也有趣地和西方漫長歷史進行對應的漫談。他把桃園三結義的劉備、關羽和張飛喻為格呂特里高原上的三位退爾，劉備有著漢家皇叔的稱謂而被正統史家多有褒揚，退爾·威廉幾番爭鬥成為了瑞士民族英雄，異國異代的大碗喝酒大口吃肉又大膽拼殺大氣忠義的兄弟仨，雖遠隔萬里之遙千年之距，卻被丁氏賦予了類似的意義。他把中國文學史上的詩聖杜甫與詩仙李白贊為耀

眼明星，並拿英國桂冠詩人德萊頓和 18 世紀最偉大的詩人蒲柏來媲美。如此事例，不勝枚舉，這樣介紹，足見其向西人詮釋中國文明採取了西人最為熟知的路徑。當然，他對於中國歷史地理的掌握存有部分局限，對於某一些史實與人物的述說缺乏正確的分析，如把秦時的焚書坑儒狹隘地理解為禁毀孔子學說與屠殺儒生，將漢末英勇無比但見利節變的呂布稱之為「並非不愛董卓，而是更愛中國」。

丁韙良在中國生活、工作了大半輩子，是否在骨子裏滋生過大多西方人看待東方文明的一種烏托邦主義和浪漫主義情緒，不得而知，但他對於晚清中國政治、經濟、文化、社會生活和民族性格等方面之形形色色的觀感、研究和評論，在很多方面是切合實際的。洪秀全採取基督理論蠱惑民心，確是曾讓西人有望助其取代滿人統治中國，但半吊子水準經不起半點波動，稍有成績就裝神弄鬼，娶妻近百，自稱救世主下凡，貽害無窮，全然一副政治邪教教主模樣。西方列國來華尋求貿易往來，得不到當朝主政者應允，就連本已羸弱的咸豐堅持要美國特使如同附庸小國進貢者那般三叩九拜。

縱觀近代中國，總是扮演被侵略、被侮辱者的角色。對於傳教士、漢學家觀察中國社會的文字，或晚清以降一些知識分子肯定西方和檢討本國弱點或錯誤的言論，或看成歪理邪說，或視作大逆不道。如何走出這個思想迷誤，全在於我們在反對侵略維護主權的同時，又開闊眼界，以一懷寬容的姿態去反對一切中世紀制度及其意識形態，贊同用事實說話、辯證研究的學術觀點。雖然丁韙良冀圖基督文化、工業文明能喚醒中國帝制，而歷史的巨力撕破了他的夢想和渴盼，殘酷的現實使中國滑向了共和與民主、自由與憲政長時間的多番翻覆，也讓可愛的丁氏榮膺時任總統黎元洪「泰山北斗」的悼詞後，葬身於其熟悉的北京西直門外。但我們通過《中國覺醒》

革命浪人

　　話及辛亥革命，人們自會想起武昌新軍覆滅滿清帝制的槍聲，孫中山、黃興、宋教仁締造同盟會、中華民國與國民黨的前後，陳天華滔海亦英雄的悲壯與無奈……然，果實最後被袁世凱奸險奪去，開了一陣子的歷史倒車。這沒能終止諸派紛爭、軍閥混戰、民不聊生和列強欺凌的命運，但革命的烈焰，還是熔化了中國兩千餘年的封建體系，為國人帶來了一些有關民主、共和、自由及憲政的資訊。

　　無論過去百年還是千年，存有多少蒼涼和感傷，辛亥革命都是中國現代化進程中的一個尖峰時刻，不能忘記與淡化，漠視與扭曲。那飄飛血腥、硝煙、恐怖和振奮的系列事件，那為了理想不惜身家性命的許多人物，那催人「猛回頭」、給人「警世鐘」的泣血文字，伴隨著那時艱難的歲月，留在歷史的記憶裏，讓我感受溫柔和慰藉時，想起了能掙革命經費而不能掙養家經費的日本人宮崎滔天。

　　《三十三年之夢》（林啟彥譯，廣西師範大學出版社 2011 年 3月版）記錄了宮崎滔天的革命理想，是辛亥革命、近代中日關係與中國政治運動史的一個重要見證。宮崎本名寅藏，又名虎藏，以號名世，賢達渡邊元贈號白浪庵滔天。他 1871 年出生在熊本縣玉名郡荒尾村，幼時隨武士出身的父親學習劍術，年少時接受自由民權思想、基督教教義與歐美社會主義，後矢志追求解放亞洲民族、消除種族壓迫，建立自由、平等、博愛的大同世界。

　　他是一個著名的大陸浪人和大亞洲主義者，與日本權力階層有不少往來，曾提供寓所方便黑龍會等右翼團體聚會，極盡全力支持和資助中國共和革命，但最終不能容於日本官憲，也很難得到中國民眾理解，51 歲時潦倒而逝。

　　書中 28 篇文章，勾畫了其不平凡的人生經歷與心路歷程。乃父為人俠義，鄙薄錢財，不善治產，感染他自幼便有豪宕情懷。後來受業於歐化派領袖德富蘇峰的大江義塾，隨小崎弘道牧師成為耶穌教信徒，與流亡東瀛的瑞典籍虛無主義者亞伯拉罕交往，他都尊重有禮，擇取各自部分要義，成就自己的思想和性格。他目睹當日亞洲遭受西方列強的凌辱和欺壓，失望於明治維新後日本政府的西化政策、脫亞論調，彷徨過，迷茫過，受有志於中國革命事業的二兄民藏影響，集中精力、財力襄助中國民主革命。

　　1891–1896 年間，他一度赴華，二次渡暹，物色志同道合的亞洲義士，為日後在中國實踐做準備。他在國內接觸朝鮮開化派領袖金玉鈞，而機緣不長，金氏不久被人暗殺。他中轉香港，帶人至暹羅籌劃移民藍圖，但隨從不禁誘惑，中途出軌，使計劃慘澹落空。他 1897 年在橫濱同孫中山締結金石情緣，傾倒拜服，正式開始了援助中國革命的艱難命途。

　　為了理想，宮崎殫精竭慮，傾盡錢財，毫無怨悔。他在戊戌政變後，由犬養毅領導和斡旋，與平山周赴中國營救維新失敗的康有為、梁啟超亡命日本，秘密調查華南的革命組織。他積極謀求孫中山與康、梁之間的政治合作，推動孫中山同李鴻章的和談，然幾經周折，機遇屢屢不得，他被新加坡官憲冠以涉嫌刺康罪進行逮捕，在香港為英殖民者援保安條例實施驅逐，但他決然不因這些傷害，而放棄對孫中山的幫助。他對孫中山滿懷敬仰和真誠，即便在危難

時刻，也是四方籌集善款、購置軍火，甚至策劃、參與實際的起義行動。他促成孫中山與黃興、宋教仁的會面和合作，推動同盟會成立並列席大會，調解會內諸人政見不一的爭執，創辦《革命評論》聲援《民報》的革命主張，主動受託照看黃興長子一歐，在中國革命者赴日歡迎會上發表熱情的演說……辛亥革命後，他更是擬赴武漢參與黃興領導的革命軍。他對中國革命而言，已不止是一個單純的支持者、援助者了，而是一位肩負使命、不懼危難的堅定的參與者和宣傳者。

他幾乎將一生都付與了中國革命。他大多數的日子處在艱難貧寒狀態，卻義無反顧地為原本陌生的中國志士籌措經費，掩護革命黨人的活動，照顧他們的生活，而不惜家產被耗盡、妻兒遭棄養。1911 年，孫中山從加拿大給他匯來百元，也是聽聞宮崎貧病艱苦的厄境。然而，滔天的骨氣與正義，沒因此而被折斷和遏制。在民國成立後，中日關係日益惡化，他受時勢與環境制約，不能繼續投身中國革命活動，但不減赤誠，憤慨於袁世凱的稱帝陰謀，關注第二、三次反袁革命，庇護失敗後流亡的革命者。

不能否認，宮崎對中國革命事業，也曾產生過理想主義的錯誤思想，提倡過「與其得三軍，何如得一將」的個人英雄主義，過分寄望於日本政客而不能發動群眾。他在遭受失敗與挫折時，會變得消極、頹廢和沮喪，甚至錯將購置軍火的款項交予投機者中村彌六。最後，他清醒了，不但堅決抵制黑龍會、玄洋社等右翼民間團體利用援助革命派以謀求在華更大利益的陰謀，還要求犬養毅制裁中村，並堅拒日本軍警勢力威逼其說出革命黨人資訊的誘惑。此舉此情，完善了滔天的堅強俠義與特立獨行，堅實了他始終擁護自由與平等、民主與共和的理念同信仰。他成為了中國民主革命、中日民間交往中最值得尊敬和紀念的日本人之一。

　　宮崎滔天身體力行地推進中國近代民主革命的進程，並寫出《三十三年之夢》、《清國革命軍談》等紀實文學作品，用實踐行動、思想宣傳和經濟援助等令人感奮的義舉與風範，極大地鼓舞了不少海外知識分子、政治開明人士，理解和支援孫中山、黃興與同盟會的革命事業。支持滔天的犬養毅，就是日本政界同情中國革命的代表人物，曾擔任日本文相、首相等職，且是孫中山的革命密友。孫中山原不過是愛國的熱血青年，後來之所以成就先行者的偉業，除了自身的執著和努力外，宮崎滔天們的支持和幫助，也是當下歷史研究、閱讀與思考所不能忽視的。

　　平常我們在影視劇中看到，日本浪人無法無天、胡亂挑釁、荼害生靈，可惡可恨。書中的日本人，十之八九為大陸浪人，後為軍國主義集團踐躪亞洲的幫兇和工具。也屬於大陸浪人的宮崎滔天似乎是一個另類，他的正義感、反侵略和抨擊不平等等高貴品質，可圈可點，可歌可泣。他在軍國主義勢力不斷製造中日事端的情勢下，關注和激勵中國革新力量的蓬勃發展。他在孫中山低沉迷離時給予物質援助和精神支持，譴責日本帝國主義的野蠻行徑和兩面伎倆，還尖銳批評大隈重信政黨內閣、寺內正毅妖怪內閣對華政策上的虛情假意與壓制利用。

　　他不畏強權，甘受貧寒，雖無權力和財力作實力支撐，卻不辭辛勞地傾盡全力，對中國革命和亞洲歷史創造了許多不問名利的實事和貢獻。《三十三年之夢》寫於他參加惠州起義失敗之後，他在經濟拮据、心態憤懣的艱難境地，回憶前半生的是是非非、點點滴滴，諸如家世求學、思想歷練、理想形成與移民活動，參與中國革命、交結孫中山、營救康梁、促成南方會黨與興中會連袂，及運送武器支援菲律賓志士……所有的片斷描寫，反映了他跨越國界、衝破仇

恨的革命追求和人生理想。他寫自己的選擇和堅持，沒有拔高作為
國際革命家的形象，也不偽飾思想行為的缺失和滯留青樓的污點。
他記實與妓女的幾日廝混，追憶和旅店女老闆的一夜情思，當聽聞
妻子出軌時有些憤怒了，但想起自己的不忠誠，又諒解了妻子的艱
苦掙扎。也許有人笑話他不會繞過灰暗，去寫激進思想和非凡言行，
而他的集中敘述和真實表現，卻體現了一個真正的民主戰士的崇
高、神聖和偉大。

　　《三十三年之夢》的內容，最初以白浪庵滔天為筆名，自 1902
年 1 月 30 日起，在當時日本影響最大、發行最廣的揭醜性黃色報紙
《二六新報》上連載。同年 8 月 20 日，國光書房發行單行本。翌年，
章士釗化名黃中黃，譯出部分內容冠以《孫逸仙傳》印行；學者金
一（金天翮）摘要撮譯新冊，據首篇《半生夢覺思落花》取名「三
十三年落花夢」。民國以來出現過幾種類似金氏譯述的譯本，均是改
頭換面，很難完整忠實。台灣曾推出宋越倫全譯本，卻囿於文白二
體雜用，敘述對話不分，與原著存有一些差距和訛誤。香港學者林
啟彥，主修歷史、哲學，曾赴日本留學，專攻中日關係史與近代中
國政治思想史，據東京文藝春秋社 1943 年版迻譯全書，增添了不少
幫助閱讀、方便理解的注釋與附錄，1981 年在香港三聯書店初版，
後又結合《宮崎滔天全集》和學者研究、注解等，重新訂正、補譯
和加注，在中國內地推出最新全譯本，更為方便地引導讀者認識當
時歷史，熟悉宮崎滔天，以及瞭解孫中山在其死後痛呼「中國人民
失一良友」的背後故事。其子宮崎龍介稱他為「中國革命的唯一幕
後支持者」，是不無道理的，個中細節原委，書內皆有說明。它說明
的，不僅僅是一個日本浪人真實的、不渝的中國革命理想，更是一
種淡化中日歷史仇恨、增進一衣帶水情意的警世木鐸，可以讓人重

溫和回味那段往事的林林總總：剝削、欺詐、殺戮、侵略與肝膽相照，也足以使我產生各種各樣的強烈的憧憬和期待，期待坦誠、合作、歡欣與清醒……

（原載《南方都市報》2011 年 4 月 10 日）

馮自由追憶辛亥前

　　自鴉片戰爭爆發以來，西方列強加緊欺凌中國：開發商埠傾銷商品鴉片，軍事逼迫分割勢力範圍，傳教佈道行使治外法權……日益衰朽的清政府，除部分清醒官員倡辦洋務做貌似中興的掙扎外，割地賠款，王權紛爭，貪腐盛行，經濟破產。不堪重負、艱難生存的民眾，暗結會黨，將「反清復明」的大旗再次飄揚。太平天國，撚軍起義，義和團運動，等等，一系列由小知識分子、農民、手工業者為主體的弱勢團體，揭竿而起，推波助瀾。雖然最後被中外聯合勢力剿殺下去，但他們為延續了兩千餘年封建帝制的覆滅，鑄造了鋒利的加速器。

　　重返現場，倘若洪秀全們舉事成功，很難說他們願意捐棄中世紀宗法制的尊榮與誘惑。受儒家思想、小農經濟影響的大佬們，也惦記著坐上交椅上吆五喝六、號令施威。對他們的短暫結束，我並不遺憾和沉痛，留在記憶裏的是感傷和蒼涼，以及說不盡的感激。因為他們掀起了波瀾壯闊的情景，為後來的辛亥革命、民國締造，甚至新民主主義革命，都起到了不可低估、無法迴避的推動作用。

　　曾是孫中山的機要秘書、同盟會首批成員之一的馮自由，除寫出一部三冊的《革命逸史》熱銷後世外，又留下一卷51章的《中華民國開國前革命史》（廣西師範大學出版社2011年3月版），在宏大而艱難的歷史背景下，敘述了自己在廣州起義失敗後至武昌起義成

功前的身歷目睹，並收集了大量關於革命活動的報導，革命黨人的通訊、私人檔和回憶錄，及地方大員彈壓革命黨人的奏摺，為我們真實展示了辛亥革命之所以成功、民國為何能建立的主要細節。

孫中山在風雨飄搖的時世，放棄可過殷實生活的從醫職業，投身革命，四處奔走。興中會成立之初，不過數十人的規模，但還是將星星之火燎原成焚毀千年帝制的偉業。馮自由年紀輕輕，隨流亡日本橫濱的父叔，參與同盟會的革命運動……備受打擊的清政府、民不聊生的中國命運，與歐美資本主義思潮的影響，促成了這一切。

孫中山、馮自由和他們同時代的人，都經歷了晚清這場大變局，也見證了革命黨人為了理想、不惜生命的悲壯場景：廣州舉事失利後，陸皓東等 3 人被即行正法；漢口一役失敗後，唐才常等 11 人被延頸就戮；惠州起義受挫後，楊衢雲被凶徒槍擊在教授室；丁未一年，徐錫麟、秋瑾等，先後被處決……大大小小的戰役，都以慘澹而悲壯的結局而告終，無數革命黨人被狙殺、被砍頭、被監禁。然而，只要有一線生機、流亡他國的革命者，仍堅定不移地繼續著革命的事業。

那些死於革命的英雄們，遭威權扼殺身亡，果敢的熱血躍然紙上。他們中間，不乏年輕人。被孫中山譽為「中國有史以來，為共和革命而犧牲第一人」的陸皓東，就義時不過 27 歲；作為留日學生中因反清革命被殺害的第一人，劉道一遇害時年只 22 歲。他們滿懷赤誠，憂慮國運，不懼犧牲，甚至將父親的遺產都拿出來，作為革命經費，足以讓假勤王名義向海外華僑募款逾百萬、僅在電報上就耗費十餘萬的康有為，赧顏羞愧。

康先生宣導維新變法，雖百日夭折，但為帝國餘暉裏極為精彩的一筆。遺憾的是，有史料記載，光緒帝只在二十四年四月二十八

日召見過他一次，也不曾遴選重用。然他素以帝師自居，宣言能左右皇帝，專事密奏，在孫中山欲同其連袂推行共和時，高高在上，不予合作。更有甚者，其流亡新加坡時，不但拒見孫中山，還導致對其有營救之恩的牽線者宮崎滔天遭當地官憲拘禁。唐才常在漢口舉事敗局，在很大的程度上，與康應允海外匯款襄助而遲遲不至、一再拖延，不無關係。這位曾多麼可愛的改良主義者，後來尊孔復辟、鼓吹保皇、反對共和，支持袁世凱稱帝，與張勳謀劃廢帝溥儀復位，著實令人哂笑。

馮自由 14 歲時，因父、叔緣故與孫中山、陳少白訂交，在橫濱加入興中會，後又經歷了同盟會大小數十次戰役，曾在香港主持《中國日報》多年，出任臨時政府稽勳局長，與不少革命黨人、民國要員皆有往來，被袁世凱拘拏關押過。他寫這一段歷史，一是由於稽勳局檔案散失，二「乃觀晚近人心變幻，與時俱進，禮義廉恥，蕩然無存」，於是搜集舊稿，廣徵故交回憶，撰述出這部「刻不容緩」的革命史。他極盡筆墨，描寫諸次戰役的準備籌劃、發展變化及失敗慘況，還分析了接連失敗的原因，除經費、彈藥不足外，主要原因是缺乏真正具備軍事才能的指揮者。他對清廷勢力血腥絞殺背後的諉過遮掩，也作了翔實的論述。兩廣總督譚鐘麟在廣州事後，面對朝廷追查時，不但對陸皓東們倒滿興漢的供詞隻字不提，還將孫中山等的目的報告為「劫奪闔姓餉銀，並無大志」。也許正是由於這些地方官員的避嫌與心不在焉，方便了革命黨人屢敗屢戰、再接再厲的最後成功。可以說，滿清政權的覆滅，不僅死於革命黨人鍥而不捨的行動，也得力於各方大吏潛在地為清政府統治敲響了喪鐘。不然，武昌起義後，怎僅二月內，便有湖南、廣東等 15 個省紛紛宣佈脫離清政府？

　　馮自由對於孫中山形象的表現，使用了真實反映的筆墨。孫在廣州失利後，重返檀香山發展興中會時，不再得到當地華僑的熱情和支持；他試圖與康有為保皇一派合作，策反清廷首輔李鴻章在兩廣獨立，皆成泡影；他四處辦報宣揚革命主張，籌措善款進行革命起義，而疏於培養實用的軍事幹才。他途經倫敦，被誘引拘押，後得力於英國師友的營救，才免被駐英公使花大價錢租船囚送歸國獻功。此處被寫得很有趣味。當時孫被英國官憲關押，與英僕柯爾閒談，談到耶穌，偶生一計，以土耳其皇帝殘殺阿美尼亞教徒的譬喻，來說自己是耶穌信徒，為中國皇帝難容追殺，利用了柯爾對基督虔誠心理，幫助將其身處危境的資訊送了出來。

　　孫中山、黃興和宋教仁們，因革命理想和追求，走到了一起。他們有過政見不一，但最終選擇了信任與和解。日本浪人宮崎滔天在此事上，功不可沒。其不但積極促成同盟會的成立，還努力遊說日本開明官員、社會名流與中國南方會黨、留日學生，支援、參與和襄贊孫中山們的革命事業。他曾因過分信任，導致購置軍火的經費，被中村彌六騙走，但他對中國民主革命的忠誠與堅定，矢志不渝。

　　辛亥革命的勝利，孫中山的領導作用和影響力，是很關鍵的。而楊衢雲對中國近代革命的開創之功，也值得後人重新認識和研究。馮自由較如實地描寫了孫楊聯合，重組興中會，由楊出任會長，駐香港專事後方接應及財政事務，得到多位同胞富商捐助、外籍記者支援。楊 1890 年便在香港發起輔仁文社，以「開通民智」「盡心愛國」為宗旨，討論中國的發展及改革路向，主張推翻滿清，建立合眾政府，為中國最早的革命組織，比孫中山 1894 年在檀香山創建興中會要早四年多。楊為廣州起義的總指揮，曾發動惠州起義，卻因早歿，幾乎被後人遺忘。

　　馮自由寫《中華民國開國前革命史》，難免會因個人情感，尊崇非常熟悉且矢志追隨的孫中山，而冷落了無多少交往的楊衢雲，也很少表現這一段歷史中的主要角色黃興、宋教仁與袁世凱等人的具體作為。革命需要靈魂人物，也少不了英雄幹將，更不能忽視對立者與歷史環境的獨特存在。同時，馮對於當初孫中山等用排滿代替革命，具有狹隘的民族主義情緒，以及日本玄洋社、黑龍會等右翼團體利用支持革命黨人來謀取在華利益的手段，均未做具體的、深刻的記實。

　　縱觀書中反映的歷史場景，略說的革命黨人與歐美、日本、菲律賓志士的關係，有許多真實，不失為我們重溫中國民主革命史的珍貴資料。我們通過馮自由文白二體雜用的言語所表現的記憶，可以聯想辛亥革命前後的諸多人物與事件的產生、發展和結果，認識到那一代傑出的中國覺醒者大無畏的爭取和努力。他們的付出，使當時陋習偽飾的中國，逐漸萌發了自由、民主、科技和現代的光亮。

　　如今所讀到的《中華民國開國前革命史》，為校訂者五度依據上海中國文化服務社 1946 年初版本點校而成，合原書上、下二冊為一卷，並對漫漶、脫落之處及舊有訛誤，稍有訂正與注釋，對於我們的閱讀、理解和反思，也有很多裨益。

（原載《中國社會科學報》2011 年 5 月 5 日）

林百克筆下的孫逸仙

　　曾先後擔任孫中山法律顧問、南京國民政府法律顧問的林百克，雖然未能在國民黨政權中謀得高官厚祿，最終重操舊業成為一名律師，但他把對孫中山的情感、崇拜和記錄，真實地敘述在《孫逸仙傳記》（徐植仁譯，廣西師範大學出版社 2011 年 3 月版）中，讓我們看到了一個美國人對中國民主革命的贊同、支持同參與。

　　為了寫好孫中山傳記，筆錄孫對民國締造之功，林百克自 1912 至 1925 年一直追隨其左右，以自己的觀察、體會、印象與探究，結合傳主口述童年生活、政治事件及宋慶齡的追憶筆記，在不長的篇幅中，勾畫出孫中山漫長的革命人生。

　　在林百克眼裏，孫中山似乎是一個天生的革命者、民國締造者。他要言不煩的表現，確實將孫在香山老家的艱難生存、在火奴魯魯（檀香山）癡迷耶穌教、在香港學醫始邊行醫邊開藥房賺取革命經費的情景，以及組建敢死隊反滿不果後在倫敦遇難、和黃興在革命道路上的互補、就任臨時大總統後遭遇袁世凱的陰謀、晚年捍衛共和而同北洋軍閥反復較量，等等，較好地寫出了民主革命先行者的偉大、頑強和不計生死的掙扎。

　　孫中山幾乎將一生，都付與了中國舊民主革命，追求顛覆封建帝制和宗法制，要在東方古國實現自由平等、共和民權，遭受了衛道士、地主、土匪、軍閥、保皇黨、立憲派們的攻擊與撻伐。他身邊只有一群熱血沸騰、思想激進的鬥士，而缺乏擅長於征戰抗爭的

武裝力量，甚至積累了微薄的經費還要防止當局的搜繳，如此要想在浸泡了幾千年王權毒水的中國，擬實現資產階級革命化的三民主義和五權憲政，自是步步艱難。但，他的堅持和果敢，探索與啟蒙，以及許多志士的努力、爭取和犧牲，贏得了辛亥革命的短暫勝利，造就了走向共和的新紀元，這對於 20 世紀的中國而言，確是第一次大手筆，第一次振奮人心。沒有他們此次成功的創舉，必然會延遲中國新民主主義革命和現代化的進程。毛澤東後來將孫贊為中國民主革命派的旗幟、偉大的革命先行者，而在新中國多次國慶典禮上，都能見到孫的巨幅畫像，這是有著重大的歷史意義的。

雖說孫中山在革命鬥爭中，未能及時辨識袁世凱、段祺瑞、陸榮廷等軍閥假共和、非民主的真實面目，不能處理好革命團體內部嚴重的矛盾和分歧，沒有較早地認識到革命武裝、勞工組織的重要性，甚至曾險些被日本右翼團體黑龍會等利用、為了爭取列強支持而無奈地選擇妥協與自損，然他始終站在中國舊民主革命的前沿，得到了廣大革命黨人的尊重和信任。即便是外國革命者宮崎滔天、林百克們，也情願用一生來友好、襄贊孫中山及其革命事業。

孫中山的了不起，自幼時便開始萌芽。他面對兇悍的水盜洗劫村上，舉步向前，毫無驚惶，他看到官吏鎖拏無辜民眾，挺身而出，表達抗議；他因收稅員盤剝父老的白契，憤懣不已；他為姐姐痛苦地遭受纏腳，竭力反對……他的反抗是無力的，也是無效的，封建宗法制的權力、綱紀、倫常、陋習，還是嚴峻地摧殘著苦難的中國。而這些，誘使了他有志成為一個真理追求者和社會改造家。

哥哥孫眉將他帶到西風薰染的檀香山，他有機會接受西方的文化、法律和基督教義。幾年過去，他對西學的癡迷和瘋狂，引發了哥哥的不滿和擔憂。他被送回老家。這次回家，他不但身歷目睹了

官吏的重重剝削，還公開反對家鄉舊俗、衝擊衙門，不再膜拜鄉廟裏的神像。

他來到了香港雅麗氏醫學校，走上了始於學醫從醫的革命長路。他原想用新醫術救人，革新舊醫術的殘敗，卻慢慢有了終生從事革命的理想。他不滿足於醫學校第一名高材生的尊榮和便利，開始組織革命會黨哥老會，成立不懼犧牲的敢死隊，宣傳反對忠君，有志覆滅滿清政權。此時的他，是一個執著的民族主義者，將統治清政府的滿洲人視為異族，雖剛毅不撓大無畏，卻有幾分大漢族沙文主義色彩。有人將孫中山視為反清復明第一人，這其實又是一種短視、一種淺薄，我們不能簡單地將其看做明朝遺老。他能在隊伍裏容納像林百克一樣的真正的外國人，打出「驅除韃虜，恢復中華」，只是一種旗號、一種宣揚而已，卻非極端地排滿思想。隨著他的成熟，後來的抉擇，證實了他早期的感性和膚淺。

幾番努力，連續起義，屢敗屢戰，孫中山不時進入流亡狀態。但戰友們在他的指引下，最後在武昌一役創造了輝煌的戰績。孫中山們培育了辛亥革命的鮮花，將它澆灌成青色成果，遺憾的是，因為缺乏堅實的武力作為後盾，無法挑戰軍閥和列強的擠壓，他們只能帶著僥倖心理尋找代理人。一直活躍在晚清政局中的袁世凱成了不二人選，他沒有像李鴻章那樣拒絕孫中山一派革命黨人的好意，坐上了頭把交椅。袁是一個無奈的投機主義者，除了裝腔作勢地宣導共和、安排孫督辦全國鐵路外，潛在地排除異己分子，暗殺張振武、宋教仁，尋求權力的無限期使用和世襲，最後導演了一場帝王夢的鬧劇，鬧得眾叛親離、四面楚歌而癲狂而亡。袁開歷史倒車，不能說他腦滿腸肥而權欲瘋狂，過於顢頇又不計後果，他的奸詐陰險，受種種歷史原因所影響：孫中山們乏力的抗議，國民黨內部的

分化，革命武裝的疲軟，日本勢力的誘逼……林百克表現孫中山的憤慨和反擊，卻疏忽了中心人物袁世凱的多重面目，更對蔡鍔宣導護國軍奮力一搏、黃興在美國籌措護國軍餉等史實，沒有適當涉筆，這是一種過於推崇孫氏偉岸形象的遺憾。

林百克描寫孫中山，大致事實都有涉及，卻未能將傳主革命失利、情感落寞時的迷離，及少為人知的思想背後，做一個簡要的說明。他試圖將孫氏一直以飽滿的形象出現，卻不稜角分明、性情畢現。他把孫寫成天才改造家、革命偉人，少了在艱難苦困中奮力掙扎的事實記述，反而有神化過譽的嫌疑，而錯失豐滿鮮活的效果。即便寫與北洋政府的鬥爭、同雲桂軍閥的博弈、同康有為合作機遇不得的感傷，以及聯俄、聯共、扶助農工、取締不平等條約、創建黃埔軍校等，甚至意圖同一戰落敗的德國、紅色政權的蘇俄結為聯盟，林氏都是著力突出孫中山的個人英雄主義色彩，而簡要地、抑或不著筆墨地反映當時歷史背景與其他人物。除了對黃興少有比較外，對於陳炯明的歷史作為與政治理想，對於楊衢雲、宋教仁、陳天華等革命未捷身先死的悲壯，都不曾點到。

很多人對孫中山於五四運動的作用，多有揣測。那一段歷史的真實，當在孫傳記中有所記載。孫雖未直接參與和領導這場運動，但他對學生給予了極大的同情和支持，曾對北京政府鎮壓、逮捕學生表示極大憤慨，致電徐世昌不能為賣國者庇護、妨礙學生與各界的愛國運動，並讓宋慶齡起草「學生無罪」的援救電給段祺瑞，要求從速放學生出獄。這鮮為人知的真實歷史，具有深化孫氏歷史形象的重要作用，該在傳記中有描述，但被林氏漠視了。

不論如何，林百克將從法國巴黎、德國海德堡學到的法律知識，在美國、菲律賓從事法律工作的經驗，帶到了中國，服務於孫中山

及其開創的中國民主革命事業，已屬難能可貴。何況其將自己的觀察、感受和參閱，形諸《孫逸仙傳記》，將對我們重新認識孫中山、研究辛亥革命和中華民國開國前後的革命史，有著不可多得的歷史價值和時代意義。其中收錄的 38 幀殘影餘照，穿插文中，也自是一種珍貴的印記和佐證。

林百克《孫逸仙傳記》，曾以題「孫逸仙與中華民國」，於 1925 年推出英文版，後經徐植仁移譯，定為現名，由中國文化服務社 1946 年納入「中國國民黨叢書」印行。今日所見的，便是徐氏譯本。書中附錄孫中山密友陳少白遺著《興中會革命史要》，對孫早期革命活動，如上書李鴻章勸其兩廣獨立和支援革命，在日本組織革命會黨、爭取保皇黨的合作，楊衢雲對民主革命的首創之功，聯絡三合會、哥老會的前後，發起廣州起義、惠州起義等，翔實豐富，對於林著，無疑是一個很好的補充和詮釋，也對於我們熟悉一個美國律師眼中的孫中山，有了很多慰藉和遺憾，執迷和啟示，歡欣和清醒。

（原載《經濟觀察報·書評增刊》2011 年 6 月號）

歷史弔詭中的沉痛與失落

　　在一般讀者的印象中，辛亥革命的成功，除晚清政權腐敗至極的客觀因素外，就是孫中山一派革命黨人堅持不懈、殫精竭慮而不計生死的爭取和努力。這是受了國民黨史學家的敘述，及為革命服務的特殊意識形態影響。不能否認，自孫中山、楊衢雲重組興中會開始，不少革命志士無畏當局的明槍暗箭、砍頭拘禁，陳天華、易白沙們演繹了滔海亦英雄的悲壯，為中國舊民主革命的勝利，呈現了一系列可歌可泣、可圈可點的精彩，也使我輩行走在現代化的進程上，有了很多欣慰和感慨，懷念和蒼涼。如此前所不知的嬗蛻，溫柔地滿足了徘徊在愛國與忠君之間的人們，開始對君權國家時代的權威、價值、象徵及自我心中的歸屬感，產生了期待朦朧而思想激進的歡欣與興奮，可視之為一次前所未有的政治核裂變。

　　當我們重溫歷史，重新回顧辛亥革命前後、晚清最後十年，不難發現那些歲月中的林林總總：大辦新政、預備立憲、廢除科舉、興辦學堂……甚至在世紀之交，幾個權力欲望者為了小團體利益，把千百年來儒家思想深惡痛絕的「怪力亂神」，搬進了最高級別的議政會議，上演了晚清史上一場最為悲屈的鬧劇。義和團被鎮壓下去了，中央高層感到了高處不勝寒的滋味，連續出台自上而下的改革舉措，也在最後的頑強掙扎中，掩埋了權威和尊榮。陸建德、羅志田、沈渭濱、許紀霖、楊國強和周武等六位研究員、教授，因《上

海書評》「山雨欲來：辛亥革命前的中國」座談會之緣際會，對這一段歷史中的真相，深入探討，淺顯道來，方便了我們審視帝國餘暉下的最後歲月，也洞察到民主革命彼岸的很多情景。

學者們認為清王朝覆滅前，處在中西交爭、新舊交爭的情勢下，中央政府試圖在體制或結構上，做些改良。但，能否改，怎樣改，以什麼樣的速度改，遭受了社會環境的影響。1905 年，朝廷接受張之洞的建議，廢止科舉，創辦學堂，這在中國教育史上，確是一大進步，但無形中製造了一大批尋找出路而機遇難得的知識分子。雖然當局相應地頒令，通儒院與大中學堂的畢業，等同於翰林、進士、舉人和優拔等貢生的榮譽出身，卻造成不能按級就職、分量降低的局面，很多知識分子成了邊緣人。他們慶幸不再受章句八股的束縛，卻因未能分享到功名利祿而苦悶彷徨。部分人開始接受新學，走出國門，感受西風，日本的維新變法、歐美的憲政自由，影響了他們試圖改變中國，也改變自己的命運。

這些人能遠涉重洋，留學東洋，奔赴西方，與慈禧逐步睜眼看世界、立場較開明闊達，不無關係。許多著作將這個掌有中國最高實權的女人，進行繪聲繪色的妖魔化、恐怖化，但郭嵩燾等駐外使節，即便為國人恣肆鄙夷與惡意中傷，而慈禧在他們每每受命出國時都是親切接見，足見此時的她並非傳言中無知的潑婦。當日中國，之所以能有許多年輕人出洋留學，之所以能進行一系列改革，如辦新學、行憲政、廢科舉、組內閣，不能不說同她不自覺的清醒，有著實質性的關聯。儘管她曾把康梁變法扼殺在百日的搖籃裏，然保存了京師大學堂等新政產物，容許了這一股思潮、時潮和政潮，繼續影響她艱難統治下的中國。

　　遺憾的是，慈禧擇人不善，年輕的載灃缺乏才幹和閱歷，無法撐起一個在風雨中飄搖的政權。在他登門拜訪病中的張之洞後，張氏油然感歎大清亡矣。大清確實在不久的日子亡國了，滅亡它的，是爭權奪利的親貴內閣、半截新政，是中央集權不得、地方權財充實的現實，是革命黨人和革命黨同路人的合力一擊。就連不少深受皇恩的高幹子弟，如大學士李鴻藻之子李石曾、兩廣總督譚鐘麟之子譚延闓、山西巡撫陸鐘琦之子陸亮臣、四川按察使黃雲鵠之子黃侃，紛紛在革命力量的感召下，站到了反朝廷的陣營。同時，不少開明人士因各種各樣的裙帶關係，對於革命黨人的行動，睜一隻眼閉一隻眼：章士釗被捲入「蘇報案」，被奉命查辦的俞明震放過了，原因是章是俞為江南陸師學堂總辦時的得意學生。浙江求是書院學子作《罪辮文》，談論滿漢之別，因有書院總理勞乃宣和巡撫任道鎔庇護，而免受戕害。黃興起事失敗後，準備逃亡東瀛，曾任兩湖書院院長的梁鼎芬，贈以弟子若干銀元。自立軍兵敗後，素同新黨格格不入的葉德輝，殷切進言湘撫俞廉三網開一面……時勢所趨，革命與反革命的界限有了幾分漫漶和模糊。

　　革命黨人將「驅除韃虜，恢復中華」作為鼓舞士氣的旗號，其實在很大程度上，屬於一種借排滿、反滿及殺滿來挑動民族主義神經的口號而已。有清一代入主中原 260 餘年來，滿漢之爭隨著康熙歷經艱難蕩平三藩、收服台灣鄭氏政權，逐漸淡化了，滿漢人並非雜居，即是旗兵也圈地而駐，平常很少往來，除非在官場就難免接觸。若非天地會的興起，太平軍的起義，滿漢之間的爭鬥，可能會掩息下去，否則像陸懋宸那樣常論滿漢之辨的人，又豈能被延聘為京師大學堂教習？滿人倨傲，漢人不甘，帝王家的君臣大義，無法防止夷夏之辨滑向夷夏之別的境地。孫中山自稱「洪秀全

第二」，呼喚起廣大民族主義者挺身而出、鋌而走險，挑戰滿洲人的最高權力。部分極端大漢族沙文主義者，在奪得某處城市後，多滿人和旗兵展開了瘋狂的屠殺與迫害，這是中華民族史上又一次血腥的悲哀。

矛盾主要不在滿漢族群統治爭議之上，而是分管地方政權、財權和兵權的大員，可以向中央叫板。自太平天國運動爆發後，朝廷讓曾國藩等至地方督辦團練，下旨他們有權在當地徵稅收費籌集軍餉，給予半自治的實權。這樣，導致了各地督撫慢慢坐大，建起了軍紳小政權，產生了封建制度與王權專斷的對立。戊戌變法後，慈禧欲廢黜光緒另立新帝，只因督撫劉坤一等的反對而作罷。這些實權派，割據一方，一旦朝廷傷及自身利益時，即刻反對，在聞到武昌起義的槍聲後，紛紛宣佈獨立、尋求自治，成為「不盟之小國」。他們的回應，促成了革命黨人舊民主事業的短暫勝利，也影響了中華民國民主共和夢的實現艱難。

辛亥革命勝利了，推翻了延續兩千餘年的封建政體，從西方引進的以憲政為核心的法治觀念，擠佔了原屬儒家意識形態的陣地。中國開始由禮的秩序向力的秩序轉型，公共文化，倫理道德，民主自由，等等，相繼成為新的政權形式中國家能力的血肉。士紳們集結的諮議局、省議會，並不歡迎革命派的普選機制，改變他們並非民主與自由的權益性質。他們反對皇權，反對沒有限制的專斷性的中央集權，在所在區域推行一省自治。哪怕是有人嘗試聯省自治、推行憲政，也需徵得他們的首肯。

當然，若非這些士紳們的欲望和趨時，革命黨人不可能較輕易地進入民主革命新征程。立憲派或君憲派的參與，在近代革命史上，有著重要的地位。正統史家很少談及這些，甚至將他們說成是向革

命黨奪權，這是不恰當的、不符合史實的。他們與發動群眾的會黨，和留學生、新軍一樣，都是革命黨的同路人，這是毋庸置疑的。我們在肯定革命黨人的功績時，須客觀評價這些群體的革命作為和意義。沒有他們的合力協作，原想在邊界舉事、缺乏經費武裝、不願發動群眾的邊緣化知識分子，可能很難完成帶領中國走出中世紀、走近現代化的革命使命。

陸建德等六位在文學、歷史、倫理等不同領域研究中國現代化進程的專家，不受制於通常史論，審視和反思晚清最後十年的政治、經濟、社會、文化等境況，指出辛亥革命走向共和、留存隱患的遺憾和現實。他們有據有論，將諸多事件和人物，置於當時大背景和同時代人的前提下分析，談論不同群體的歷史貢獻，也不迴避他們的歷史局限和性格缺失。大家相互補充，不拒爭議，在一種開放的狀態中，讓事與景穿插而行，使理同情交融一體，突出百年前特殊歷史時期來自不同集團陣營、有著不同價值取向的人的思想、性格和事功，觸摸歷史，還原現場，細化真實，潛在地揭示了辛亥革命前經風歷雨的中國選擇。

《山雨欲來：辛亥革命前的中國》（上海書店出版社 2011 年 3 月版）只有三萬多字的篇幅，卻道出了許多少為人知的史實：慈禧在郭嵩燾出使英國前，三次面談，囑其「一味替國家辦事，不要顧別人閑說」；清朝成立戶部銀行時，僅有幾百萬兩銀子作為資本，而在長期內國家沒有統一的貨幣；蔡元培修革命黨史，孫中山特別關照他，不要多寫會黨，無獨有偶，孫曾和歐洲留學生談到不要專門關注會黨；而在孫中山領導的十次起義中有會黨勢力的參與，回應武昌起義的有哥老會武裝，在四川保路運動中功勞最大的是袍哥……這些不可改變的歷史，並沒有因為歲月的流逝，而湮沒在已

北洋軍閥與五四運動的深層關係

　　五四──一個時段、一場運動、一次事件，雖史家學者各有辨析，但其體現的文化革新與思想啟蒙的雙重意義，在救亡上具有的政治地位與社會價值，決非簡單的道德性、思想性與批判性上，對德先生與賽先生出演的抽象勾畫。尤其是其所處時代的權力政治的操持者──北洋軍閥及政壇派系，是我們應該認識與理解的主要內容。

　　張鳴結合五四前後的中國社會、軍閥聯繫，從一個新的角度觸摸這段雖已久遠、但人難忘的歷史。他在《北洋裂變：軍閥與五四》（廣西師範大學出版社 2010 年 5 月版）中，用詳盡的史料分析、清新的解讀方式，從分析袁世凱時代的北洋軍閥出發，觀察軍閥政權的分化與裂變，引導人們看清軍權管制下的五四現場，以及背後的是是非非與真實，揭示了表面為學生運動的五四運動，在深層次上與直皖之爭、親英美派和親日派之爭密切相關，屬於政治事件的範疇。

　　我們不能否認五四運動的激進行為，有違法律意識。一群熱情高漲、赤情激烈的大學生，火燒趙家樓，痛打章宗祥，奔赴租界請命，但亦可視為對日本憤恨、政府不滿的過急舉措。此間發生的許多歷史真實，如政客軍閥的思想定位與轉變，五四運動的運作、動員和宣傳，曹錕、吳佩孚初受制於皖系後向直系的轉化，當局政府同日本勢力的曲線博弈，等等，均需要我們作理性而清醒的認識。

　　爆發這一道德主義上的群體愛國事件，是民族主義發展的必然結果。自民元時期，袁世凱登上總統寶座後，日本對德國勢力範圍

的青島和山東，虎視眈眈。他們繼清末在中國東北與沙俄進行搶奪戰後，再次侵入，上演日本狼對德國鷹的廝殺。袁氏謀求自身利益，默認日本人的欺凌，還欲屈膝，但大隈內閣並不喜歡他──他是一個強人，要強於借著這家軍閥打擊那夥軍閥的孫中山。一紙喪權辱國的「二十一條」，被跋扈專橫、咄咄逼人的倭人，推至膽怯的北洋集團面前，他們要製造一系列伎倆，讓中國四分五裂、秩序混亂。袁世凱、楊度之流企圖借助恢復帝制，重塑政府威信的想法是好的，但畢竟君主專制，較於君主立憲已是退步，自然會引發曾開始分享民主共和瞬刻光芒的國民的集體抵制。

　　還沒把龍椅坐熱的袁世凱，很快在天下人的唾罵聲中惶恐而終，遺留的事業，為段祺瑞們分割。此時，大隈內閣倒台了，其分化中國、逐一消化的幻夢也破滅了。新組內閣的寺內正毅，聽從精明商人西原龜三的謀劃，開始了長達數年、量近兩億的西原借款計劃，支持曾調兵遣將欲抵抗日本進犯的段祺瑞，使其一躍成為中國軍閥中嫡系武力最龐大、裝配最精良的主將。段氏把持中央政府，掣肘、制約歷任總統黎元洪、馮國璋、徐世昌，由來已久的武力統一的野心，也得到了極大的刺激與膨脹，從而引起諸多軍閥強烈不滿與反對。張勳帶著五千辮子兵進京，將他驅至天津待了一段時日。陸榮廷等西南軍閥公開起兵，攻擊其部下主政的湖南。其嫡系傅良佐執掌湘地，但很快兵敗而潰；張繼堯督軍湖南，卻令不出長沙。受其派遣的吳佩孚兵到衡陽，便駐紮不前了，至後來，便在湖湘大地上，能文善武的吳氏，公然支持「驅張」運動。佔領常德的馮玉祥，與吳佩孚遙相呼應，從而激發了「被五四引爆的北洋裂變」。

　　有學者認為西原借款，數額巨大，利息不高，是幫助中國發展經濟、推動社會進步，要為之唱讚歌。但可曾想到，對中國一直懷

著蛇吞巨象心理的日本，能有如此好心、善心嗎？巴黎和會上，本算是勝利國的中國，非但不能終止一系列不平條約，還受脅迫轉讓青島和山東給日本。顧維鈞們據理力爭，但列強沒有半點退讓心思，好像中國是他們的雇傭、殖民地，他們可以任意地決定其命運。

關注時局的中國人，自然不能忍讓西方強盜凌辱自己的主權國家。已經分化的北洋勢力也不甘心，他們採取表面制止、暗地任憑的方式，支援聲勢浩大、影響全國的五四愛國運動。這是一次對日本暴行強加國恥反抗的大爆發，學生罷課，工人罷工，商人罷市。就連卑微的花界妓女，普遍拒接日本客人，還踴躍捐款，組建「青樓救國團」。半全民化自發抵制日貨、禁毀日貨，瘋狂進行，只是無人深思，使日資企業的華工瀕臨失業饑寒的危境。

一場由學生發起的政治抗議運動，急劇深入，火速蔓延，很快演變成一場市民運動、一場文明的民族主義運動。當局派出軍警，貌似鎮壓，媒體報導有傷亡事件發生、不少學生被拘捕。而張鳴翻讀史料，發現一學生小腿被員警刺傷，員警長被撤職，處長被查辦；另一名叫郭欽光的大學生，罹患肺結核，遊行過後，疲勞發作，成為第一個亡故者，報紙大肆渲染，民眾狂熱傳播，將其奉為烈士，把賬記在政府頭上，為之舉行五千餘個民眾參與、三千多副聯哀挽的北京追悼會，而在上海、武漢、漢口等地，也舉行了隆重非常、莊嚴無比的追掉活動。

悲情是激發群眾反抗的最好的催化劑。蔡元培、陳獨秀、胡適等一大批高校教授、社會賢達，紛紛站入支援及參與的行列。雖然他們中間，有不贊同學生的過激行為的，有在活動結束後力勸學生重返校園的……但，他們時刻關注著學生思想的變化與國家命運的選擇。然我們在知名學者吳宓的日記裏，幾乎沒有找到關於這一場

運動的記載，到底何因，不得而知，只道是其向來對五四不以為然的一次具體作為。而在不同史料中，我們發現吳佩孚、胡景翼等傳統軍人，在民族主義面前，和五四青年走到了一起。

我們重溫和研究五四，不能忽視《新青年》的創辦、北京大學的改革及新文化運動的勃興，所起到的決定性影響。其已不單純是文化與思想上的啟蒙，而有著政治鬥爭乃至革命意義。在這場巨大民族運動中，當政的段祺瑞皖系，雖沒有對遊行示威者進行實際的武力鎮壓，即便迫於倭人淫威而關押的學生，都是掉隊者，關押後，一邊好生招待，一邊迅速釋放，但他們還是被國民唾棄了。

張鳴綜觀相關史料輯要、追憶文章、歷史存檔，及當時人、當時人的長篇短章，甚至是日本人的回憶錄，冷靜解密許多少為人知的真實歷史。美國駐華大使芮恩施，長期同情中國民眾，切實支持學生運動，敢於詬病明白事理但不主持正義的威爾遜總統，而不懼免職丟官，這般操守品位，很容易讓人想起後來的司徒雷登大使。對於親日派曹汝霖、陸宗輿、章宗祥，長期以來，世人詬病齒冷，教材惡評醜化，稱之終身賣國，許以一生賊名。然原相如何，有待重新審視，張鳴發現，日軍全面侵華時，曹氏身處華北淪陷區閉戶不出，日偽勢力授予高職而不就，任憑權貴登門勸說，總是拒絕。事實上，曹氏雖參與了「二十一條」談判，但對可致亡國的第五項內容，始終不曾退讓，盡最大努力地拒絕，結束時簽字者乃外務總長陸徵祥，而外界卻認定是曹氏所為，有些替人受過的味道。戰後，國民政府對此三位不予深究，足以證實其晚節清白完好，決非王揖唐、王克敏之流所能望項背。

我們平常喜歡說五四了不起，亟須重構五四傳統，繼承五四精神，但形成五四內涵的社會體制、權力分割，是不能短視的。張鳴

從探索政治要角的當時表現來切入、解讀這一段歷史，沒有大張旗鼓地展示文化與思潮的嬗變、發展，更沒有極盡能事地展示文化大師們的思想紛爭和人格魅力，而是結合最切實際的社會主政者——北洋軍閥統治和分解，進行平靜的分析及理性的思索。翻讀《北洋裂變：軍閥與五四》，不難發現，飽含一戰勝利狂喜與巴黎和會屈辱的五四運動，激發了中國特色民族主義再度興起，從而加速解構、崩壞了北洋軍閥體系，驚醒了大眾對自我生存與國家命運的醒悟和反思。

（原載《中國圖書商報》2010 年 7 月 27 日）

複雜的領袖，保守的革命者

　　自 1938 年董顯光為蔣介石立傳迄今，有不少文人學者欣然勾畫其在中國現代史上的榮辱成敗，或鋪陳政治爭鬥、情愛選擇與人生追尋，或羅列罪行大聲責罵，或結合日記尋根究底。曾為前國民黨軍官的歷史學家黃仁宇，帶著一種特殊情感《從大歷史的角度讀蔣介石日記》，介紹了蔣氏在黃埔軍校、中原大戰、「圍剿」紅軍、抗日戰爭等不同時期的作為，從總體上分析了其歷史地位。民國史學者楊天石，長期閱讀蔣氏日記，多次赴台和美、英、日等地參閱相關的檔案與日記手稿，盡可能地《找尋真實的蔣介石》，研究震動中國大變革時代歷史脈搏的思想言語。同樣讀了不少蔣氏日記的美國歷史學者兼政治傳記作家布賴恩・克羅澤，不但從中讀到了蔣氏獨特的勇氣、精力和領袖品質，還發現了其常有的深刻筆記的自我批評與錯誤寫實。

　　較之於黃、楊二位，克羅澤有些幸運。他頻繁與國民黨高層人物接觸，專訪過蔣經國、陳立夫、王世傑等政要，還有過與蔣介石多次會晤的機會。他收集到許多關於蔣氏的文獻資料，展開嚴謹、扎實的考證與思考，在《蔣介石傳》（封長虹譯，國際文化出版公司 2010 年 1 月版）中，如實表現了蔣氏個人生平、思想性格、政治作為及治國方略的真實內容。克羅澤和蔣氏是熟識的，但他沒有如董氏那般呼喊其為「亞洲大陸最偉大的軍人政治家」，而是理直氣壯地指出：「作為一個政治家和政治領袖，蔣介石是一個戰術家而不是一

個戰略家。他比他的競爭對手們略高一籌並善於控制他們。但是，儘管他統治了中國人口的大多數，但他實際上不瞭解整個政權的社會基礎。」他尊重歷史的真實，拋開兩岸意識形態差異，完全站在第三方的立場上，客觀、審慎與敏銳地考察了蔣氏影響中國近現代歷史走向的傳奇人生。

蔣介石原本為一個陳其美跟班和證券交易經紀人的小人物，曾與上海灘青幫過從甚密，流連於風月場所，先後與交際花、妓女傭人同居，又從日本帶回私生子。待到雀躍成功，獲取孫中山信任後，其屢屢使用隱退小伎倆和假左派扮相，獲取與日俱增的權勢。他在日記中表示不喜歡政治，但在實際中卻為玩權弄術的好手；他厲聲警告右派，批判「西山會議」，解散「孫文學會」，而暗地破壞總理「聯俄聯共」的主張。蔣氏幾番起落，然立於權力峰巔時仍不忘極度集權，在抗戰期間兼職過 88 種最高職務。其素以耶穌基督和孫中山的信徒自詡，至死不忘實現三民主義為己任與使命，然有這般熱情與夙願，卻不為姨姐宋慶齡寬容與支持。此中原委，須看蔣氏的行為與思想上存有多大矛盾及出入。

他把中國革命單純地理解為民族主義革命，於內推翻清王朝的封建皇帝，對外結束國家屈辱，卻無法理解革命勇往直前與銳不可當的現實。他意圖使用武力和陰謀來滿足專制與獨裁的欲念，一邊肅清異己力量區分嫡系與雜牌，一邊運用鐵腕阻止革命潮流的進一步發展，甚至懷著熱熱夢想推行尊孔讀經運動，試想在軍閥混戰中成為袁世凱第二。

孫中山建立黃埔軍校，期待建立自己的武裝，改變以往借助一方軍閥打擊另一方軍閥且被牽著走的命運。蔣介石在爭取權力時，多次忸怩作態，但一旦得勢出長軍校，便不斷培養中堅力量，精心

打造擴充地盤、拔高地位的王牌軍。同時，也教育出許多忠於革命、為自己掘墓的精英分子。

有了武裝力量的支撐，擅長挑撥一方反對另一方勢力的蔣介石，極力打擊競爭對手和反叛者，不惜與曾經的友好為敵，或屈服於昔日的仇人來謀求暫時的支持。他在民族危急關頭，下達的命令是不抵抗與撤退，使得國土頻頻淪陷；而對共產黨與紅軍，實行兵力逐次增強的五次「圍剿」。後來，西安事變和平解決，蔣介石簽署了全面抗戰的命令，但他從被結義兄弟張學良的以下犯上、昔日部下周恩來的協調談判的事件中，感到了屈辱，除了立即扣押送其還都的張少帥，還不斷掣肘共產黨的抗日行為，首都由於自己的退步忍讓與倉皇出逃，而被侵略者炸為廢墟，三十餘萬國民遇難。蔣介石沒想到終有一天被迫下野、偏隅海島。雖衰朽之時、彌留之際，念念不忘「光復大陸」，但歷史註定了其為「失去中國的人」。

蔣介石當初很有血性，尚在清末毅然剪去長辮赴日結識革命者。歸國後，在保定軍官學校接受軍事教育，日本教員手握一塊泥土侮辱「中國有四億人，而手中的那個土塊正好有四億個微生物」，憤怒的蔣氏不顧軍紀和被開除的危險，拿起土塊掰成八塊，取其一置於手中，怒問教員：「日本有 5000 萬人，是否也像 5000 萬個微生物，寄生在這土塊的八分之一中？」此例是否屬實，已無史料可查，而在克羅澤文中出現，足見蔣氏以此為青年時代的榮耀。

蔣父早逝，寡母對他不嬌養，但疏於早期教育，任其少小離家謀求生存之道。受乃母影響，無論是偏安一方還是權至頂峰，蔣氏都是清淡節儉，長期堅持一碗米飯、幾小片魚、一碟蘿蔔與一杯白開水。然而，他在嚴懲下層貪贓枉法的同時，也默認上流社會的腐

化墮落。雖其自身一直堅持修煉，但始終無法彌補性格與思想上的短缺，從而導致眼界上的短視與決策上少有創見。

我們不能簡單地將蔣氏追隨孫中山，視為投機，不然的話，孫之心腹陳其美斷然不會苦心栽培他。他與宋美齡的結合，貌似一種政治陰謀，既可成為孫夫人的妹夫，又可贏得宋美齡長期成為其與西方人打交道的翻譯與外交官，宋子文幫助其管理財政。婚後也曾出現過多段蔣氏風流韻事，但蔣、宋相伴始終，不諳英文的蔣氏一直對宋呼之「達令」，不能不說是一段情事佳話。

《蔣介石傳》以 24 章內容來評傳蔣氏風雨一生，把他定為於保守的革命者，不失公允。在孫中山與陳炯明及廣東商團的矛盾中，蔣介石的預見雖屢屢不為孫氏重視，甚至被拒絕，但結果並非出乎所料。從蘇俄考察歸來，他憤怒於共產國際對國民黨的友好不屑，但他還是選擇蘇聯加倫將軍為參謀長，還送長子赴蘇學習鍛煉多年。他在國家組織學說、社會行為方式、中國傳統社會及森嚴等級制度等方面，冥頑保守，一以貫之，縱容地主階層盤剝農民，任由有產者壓迫無產者，甚至助長通貨膨脹氣勢使得民生領域多起動盪。在北伐戰爭、上海事變、與中共較量、抗日戰爭與美國馬歇爾調停中，蔣介石無時不在塑造威權獨裁的身份。

在大陸遭受十年浩劫時，退守台灣的蔣介石試圖振作起來，但他還是清醒地意識到即便打倒的共產黨員無論是「走資派」還是「反動派」，始終堅持著對共產黨的忠誠與信仰，進行軍事進攻的時機尚不成熟。雖時有蔣氏特務潛伏中國內地滋事，但多半被揪出鎮壓，所幸的是，蔣氏沒有大規模地發動軍事進攻，避免了民眾的無辜傷亡。

對於蔣介石進行評價與鑒定，不能因其過失而肆意誇大其惡，大張撻伐予以最大化的全盤否定。實事求是的為他定位，是引領我

們重溫那一段歷史的最佳途徑。我們雖不能絕對信任《蔣介石傳》中的文字,沒有絲毫的虛假隱諱,但克羅澤沒有片面誇大傳主的英雄色彩、或重翻蔣氏惡跡使之昭彰。對於蔣氏功過是非的評判,作者基本上用一種恪守客觀、尊重歷史的思辨方式,全面釐清了相關的歷史性質的人物和事物,正確地評說其個性缺失與思想不足。他坦然直面史上或正或反的事例,保持一顆平靜的心,寫作出理據相容的文字,給一個歷史反面人物予以真實可信的判斷,讓我們得到一面偽飾陋習的鏡子,於清者中品其精髓,於濁者中鑒其失足。是書中多處內容,屬國內首次披露,如蔣介石對日本教員的反抗、對孫中山的清醒忠告和「文革」的蔣氏反應,以及對「基督將軍」馮玉祥、「模範長官」閻錫山、調停官馬歇爾的使命失敗等瞬間描述,對於我們瞭解蔣氏人生,頗有新的意義。

在蔣氏敗退台灣後,美國曾在對朝、對越與圖謀助蔣反攻大陸時,決定使用原子彈、氫彈對付中共,均被蔣氏嚴詞拒絕。1974 年元旦,越南派軍艦闖入西沙,蔣氏拍案而起:如中共不出兵,他即出兵,並指示台「外交」部門發表「中國領土不容侵犯」的聲明;中越海戰爆發後,西沙海軍要求增兵,毛澤東命令四艘導彈護衛艦直接從台灣海峽通過,蔣介石聽完報告,稍作停頓,後不假思索地說:「西沙戰事緊哪!」當晚,國民黨軍打開探照燈,中共艦隻順利通過。以往為避免國共不必要的磨擦,中共軍艦在東海、南海間的往來調動,都繞道台灣東南的公海,穿越巴士底海峽。此二例,充分表現了蔣介石的殷殷愛國心,他的國即為中國,但克羅澤不曾涉及,甚為遺憾。為其作傳,此類內容的選擇與表現,對於還原其本來形象,是不能存有欠缺的。

　　譯者封長虹為中國人民解放軍軍事研究院研究員，熟稔國家安全戰略、中國軍事戰略與外交政策等，站在一個公正的立場，為我們通過布賴恩‧克羅澤《蔣介石傳》，全面透視中國大變革時代的風雲變化，理性分析蔣介石波瀾起伏的政治命途，提供了一個理性而平靜的優秀讀本。昔人已往矣，但歷史的真實不會隱去，姑且不論是書具有西方世界第一部真正尊重歷史與當事人的蔣介石傳記的權威價值，但我期待國人著述、翻譯和閱讀歷史人物評傳時，都不可忽略存留在歷史中的真實、審視與反思。

（原載《南方都市報》2010 年 6 月 27 日）

民國狂士的性情與風流

　　從封建餘煙中慢慢走出的中國士人，漸漸在德和賽面前，袒露了自然的天性，真誠，灑脫，還有幾分癡狂。在大多世人眼中，軍閥、戰火、紛爭等一系列貶義色彩的名詞，讓民國帶著痛苦一直出現在思想史和社會史之中，所幸的是，革命、青年、運動的出現，又使得它在豐富、複雜的境地有了日益自新的春天前兆。

　　孫郁在「民國人物」系列散文《在民國》（浙江人民出版社2008年1月版）中，則從觀照大學、大師、文人的角度，為一個國危世亂的時代，尋找出了不舊不新但又舊又新、不古不今卻又古又今、不中不外而又中又外的多重真義。

　　戰國諸子的群起，六朝士人的輩出，多少為新時期的人們準備一個鮮活的映射，尤其是辯士縱橫、魏晉風度，或大或小地影響了民國時代文人與狂士的人生選擇，甚至可以說是一個傳承。

　　當然，也有了新的涵義，那就是新舊鼎革、中西相容、風氣幻化，呈現了千百年暗淡過後的文化歷史大變局。那時不論桀驁不屈還是抱殘守缺的文人狂士，一直張揚著獨立的個性，始終追求著特行的解放與自由。

　　孫郁長時間地在濁黃的紙卷中翻閱，不時進行平靜思考，終於對「在民國」的風流人物，有了新的認識。透過「狂士們」、「夜梟聲」、「同人們」、「在路上」、「未名社舊影」、「《語絲》內外」、「古道西風」、「月下詩魂」、「新舊之變」、「故都寒士」話題，陳獨秀、蘇曼殊、章

太炎、吳稚暉、錢玄同、魯迅、周作人、胡適、劉半農、李霽野、韋素園、韋叢蕪、廢名、俞平伯、川島、徐炳昶、袁復禮、徐志摩、鄧以蟄、魏建功、鄭振鐸、張中行的身影和心神，不再是神秘。

對於我們這個時代而言，前人們都是卓越不凡的，但，他們也是一個一個腳印走過來的，或深或淺，濃濃的，也是淡淡的。

對於魯迅，我們都是熟悉的，研究民國大師，他是一個無法繞過的巨影。作者對於魯迅，更是不吝筆墨，寫他與蘇曼殊、陳獨秀等人的交往與分歧，寫他與周作人的兄弟矛盾；也寫包括他在內的《新青年》同人們的生活思想異同，寫他與未名社、《語絲》、《莽原》關係的內外舊影；更不乏崇敬心情寫他如同夜梟，咀嚼黑暗、直視黑暗，崇尚自由和真理。

在行文中，魯迅的身影時時閃現，讓我們通過這一航標，能夠清楚看到民國時期的文人狂士在學術態度、思想境界、交往方式、情感走向與政治選擇上的嬗變，看見民國舞台上縱橫馳騁的各類人物所構成的豐滿的精神群落，欣賞到保留精神多樣性的民國藝術與學術。不說魯迅是時代的中心，但至少可以發現，在那個時代、那些人事中，他是一個靈魂人物和文化主將。

在上世紀 20 年代，赫文‧斯定、劉半農、徐炳昶、馬衡、袁復禮、劉衍准等人就開始了探險考古中亞細亞腹地，現在看來，那是中國現代史上首次西征考古之行，具有開拓性的科學史意義。面對魯迅博物館收藏的、徐炳昶後人無償捐獻給了國家的珍貴史料，作者震驚過後，富有深情地重新評價了赫文‧斯定，重估了在此次科學考察中死去的劉半農的學術價值，也披露了徐炳昶、袁復禮探險考古日記與筆記的精彩片段，讓我們觸摸到那個時代的考古風采，也看到作者沒有作簡單資料羅列的清晰筆調。

置身在民國學人和士風面前，我們不由驚歎他們的鬥士精神。作者精心勾勒民國文人狂士的本真形象，把他們不同的人生選擇和堅持，如超人激情與禪林之風、左翼鬥士與自由主義紳士、託派與安那其主義、遺老和西崽，一一作了情理充分的整理與爬梳，並行之有效而不失准度地評價、品藻他們的得失，同時也把民國時期現實的酷烈與回憶之美，描寫得淋漓盡致。

孫郁《在民國》審視與反思文人狂士的風采，以詩一般的語言展開了五四前後的思想文化畫卷，把一系列混亂時代的自然人與社會人結合的生成物，在民國這樣的環境中，依靠文化滋養一點一滴地滲入歷史的血脈，影響我們的思想人生和價值擇取，推動民族的新式進程。

孫郁與「故都寒士」張中行的來往、和當下學者三言兩語的談說，足以讓我們發現其對民國人物研究的用力之勤、對和諧文化進程的用心之深。在當下的閱讀範圍裏，如此詩意地表現一個時代文化選擇、思想生成的文本，尚屬不多。

也許是孫郁的長期研究，給予了他得天獨厚的文化體驗，他的系列散文立在民國維度中，認真結構了社會與文明的仲介和銜接點。可以說，他所觀察到的民國文人狂士，也的確是表達現代中國獨特個性的最恰當的意象──一個能引起我們共鳴的意象。

孫郁筆下的民國風流人物，在棄舊圖新中自由地伸展身體，顯然是千百年前在土地上不倦爭鬥的人物的一次進化，為新時代的人們感知他們無比遼闊的精神空間，提供了光彩亮麗的範本。

《在民國》並不靠緊張的環環相扣的獵奇情節取勝，結構上也不十分緊湊，十個篇章，各自帶著相對獨立性。然而，放在一起，卻無扞格之嫌，能夠給人沒有斷續的感覺，倒讓人興味盎然地讀完，讀到一種酣暢淋漓的閱讀快感，這不是一般的純散文所能夠帶來的。

孫郁將我們所熟悉的或不熟悉的人和事元素融合一體，穿插史料性文字和圖畫，著重表現迥異於其他回憶性或研究性散文的主題，在鉤沉中時而跳蕩新文化思想的活力，張揚自由生命的個性，展示追求民主的頑強，烘托探究科學的神秘，深層次地表達了孫郁和民國文人狂士在靈魂上的對接，以及對傳統文化下當代道德的沉思和感悟。

不難發現，孫郁具有很深的文學功底，熟諳遣詞藝術的奧秘，在字詞方面把握得體，恰到好處，凡觸及人物的性格、心理和思想時，都能較好地選用切合其特徵與時代的詞語，以準確揭示人物。

孫郁《在民國》給人印象最深的，有分析個性生命的深度，有把握不同思想的拿捏得當，更有語言的詩性與氣勢。除了那個時代綱紀墮壞、舊屋枯朽的背景外，很難找到始終貫穿的敘述線索，更不要說是核心人物和事件，但清新筆法吟唱的調子，渲染著民國時代孕育的生命以及他們生活的哀樂。

當時的政治社會，無論是北洋軍閥治下的前期，還是蔣氏執掌權柄的後期，在一般人看來，一個亂字已是很貼切了，政客們和御用文人的舞台扮相，大多如同京戲裏的白臉丑角，一登場就唱著舞著喊著歌甜花香。

但，還是有更多的文士，對於自己的價值尋求，一直是近乎癡狂虔誠。多半文人廝守著儒雅、混沌、自然、超脫而痛苦的文化狀態，哪怕是身陷囹圄，或饑寒交迫，他們身上所散發出性情，依然那麼真實淳樸、娛樂自得，全然不同於現在不少所謂的學術明星，識得幾千字、上了幾回媒體，就想玩玩炒作制勝的遊戲，把自己真正具有的東西揮灑殆盡。難怪孫郁「歎息自己的身邊，從未出現過這樣豐滿的精神群落，少年及青年的枯燥封閉的生活，在我是一種缺氧，我寫它，

其實就是吸氧的過程。原來我們的前人還有如此跌宕的日子，可是後來為什麼就沒有了這些」。

《在民國》本是文學雜誌《十月》的專欄系列散文，又連接獲得《十月》2006 年度散文獎和第八屆十月文學獎，今能結集問世，自然能讓人系統感受知名學者眼中和心中的民國文人狂士。孫郁以審慎的方式突入大師迭出的時代，多層次疊加和反復穿插地，敘述新文化運動中閃爍的文人側影與狂士風流，盡可能真實地還原他們的生命狀態，試圖讓人們認識到世界的多重意義和複調性。

民國是一個時間存在，同時又是一個時代承載。在這裏，孫郁寫照推進現代中國文化演化的曾經風流，寫實一代文人狂士們的赤誠與任性、沉浮修養，把那段歷史中尚不為大多數人瞭解的人和事，娓娓道來，靜靜評說，字裏行間透著細膩和清醒，還有幾分給人輕鬆的情趣。

（原載《中國教育報》2008 年 3 月 20 日）

「後院」中的點點滴滴

　　雖然魯迅於 1936 年英年早逝，人們卻未因他的離去，而淡化對其及其作品、精神、性格、故事，甚至逸聞、筆名等的強烈關注。他直面慘澹人生的風采，是世人長期予以肯定和激賞的，著名民主人士章乃器為之遺體蓋上寫有「民族魂」的旗幟，文化界研究者們稱其為新文化運動的主將，毛澤東先後給予「新中國的聖人」、「偉大的『三家』（文學家、思想家、革命家）」的尊崇……迄今關於魯迅的回憶錄亦有數十種。魯迅研究成為了一門顯學，人們研究他的文字、思想與人際交往，也對他標誌性的一字鬍、板寸髮，對敵人堅持不懈的戰鬥姿態，對人力車夫的熱心關注，及和兩任妻子朱安、許廣平的情感糾葛，同胞弟周作人、周建人的親情恩怨，都有著各種各樣的描述和深入。李伶伶在崇敬魯迅的同時，以一本充滿情趣和新亮點的《周家後院》（遼寧教育出版社 2011 年 5 月版），從細微處著手，透視魯迅情愛、兄弟情仇、家庭情感的諸多小事。可能這些小得少人關注，卻對於我們瞭解和理解周氏三兄弟，有著別樣的意義。

　　魯迅和許廣平的結合，是婚外師生戀，被人視作一種外遇。在李伶伶看來，這是事實，一種客觀存在。她認為魯迅和許廣平在一起，只是追求個人的幸福，而非單純的反抗封建性婚姻，對髮妻朱安實行了冷暴力。魯迅同朱安的婚姻，是母親之命，被騙回家中拜了天地。雖然他婚後一直強調是「母親的禮物」、「母親娶媳婦」，但

他默認了這次婚姻，進了朱安的洞房。他最終離棄朱安，與許廣平相戀，在客觀形式上，有丟棄母親包辦的封建婚姻的成分，卻沒有妥善處理好朱安問題，使她成了得不到正常的愛情與性愛的落寞女人，最終成為「魯迅的遺物」。追求自由戀愛和民主生活的魯迅，將朱安安排成了照顧母親的廉價保姆。

不能否認，魯迅曾試著解除與朱安的不和諧婚姻。他們之間沒有愛情，即便偶爾同房也沒有過多的話語，分離之後不能像與許廣平一樣，寫出情意纏綿、思想激進的「兩地書」，但考慮到母親與朱安方面的原因，他只無奈、矛盾而隱忍地彷徨在一夫二妻的邊緣。魯迅對朱安沒有絲毫的愛，只有人道主義的關心，也會將朱帶出紹興移居八道灣，不定期去其房裏過夜，但他在日記中除了有聊聊幾處「婦」的字樣外，別無其他記敘。這是自由鬥士魯迅最苦痛的無力抗爭，沒有用一紙休書將朱安打發出門，防止了深受綱常思想節制的朱尋取短見，但還是將一個不理想的重婚事實，演繹成了魯迅與朱的人性悲劇。李伶伶寫到魯迅死後，許廣平對朱安有很多照顧，也不迴避許氏在動盪時局下的牢騷情緒。這些已成過去的歷史，她無意引導讀者去看待魯迅情愛的陰暗面，而用事實讓人們評判那種宗法舊制度、社會轉型期內難以改變的婚姻現實。魯迅在婚姻上的掙扎、虛弱和尋求，無形中也影響了小弟周建人與周芳子（羽太芳子）的感情破裂。

在中國近現代史上，有兩位傑出的母親，一位是生養了宋靄齡、宋慶齡、宋美齡三姊妹的宋老太倪桂珍，一位是孕育了周樹人、周作人、周建人三兄弟的周老太魯瑞。前者的三個女兒嫁給了政界舉足輕重的人物，後者的三個兒子成為了文壇頗負盛名的人物，但，她們無法阻止姊妹、兄弟之間因人生選擇不同而產生的分裂。魯迅

與周作人的兄弟失和，是文學史上一樁無法破譯的公案，前者的日記中少有描述，後者將日記中那幾頁撕去，當事人和知情人魯迅、羽太信子、周作人、羽太重久、張鳳舉和徐耀辰，以及住在一起不能干預的魯瑞和朱安，都已去世多年，使之成為了一個讓人猜測不止而有很多興趣的謎。

　　一大家子生活在一起，源於魯迅關於兄弟不分家、賺錢大家花的初衷，然而，周作人娶自日本的平民妻子羽太信子，有些奢侈和孤傲，引發了魯迅的強烈不滿。而周作人對大哥、小弟再娶新婦，時有齟齬，認為是重婚、納妾。同時，兄弟之間的性格差異和主張分歧，成了一個重要因素。時間久了，周作人那一套完整的婦女觀，中傷了大哥與許氏的情意，魯迅不再願意履行過多的家庭責任；周建人與芳子的分離，讓懼妻的二哥兼姨夫周作人產生怨恨；另有關文字記述，羽太姐妹受日本帝國主義思想薰染，歧視中國人，造成家庭內不可調和的民族爭鬥；周作人受妻子蠱惑、日軍威逼，自甘墮落，成為變節文人……一系列矛盾，導致原本親愛的兄弟反目，甚至惡語相向、拳腳對抗，無疑使辛苦生育三兄弟的慈母、全心扶掖二弟的魯迅甚是心痛。兄弟二人，不幸成為民族兩個極端上的典型人物，周作人有些自私，受紹興「師爺」習氣影響，不無偏激和個人中心主義，而魯迅在處理家事上，不能冷靜處理，最後兄弟老死不相往來。雖然許廣平回憶稱，魯迅在兄弟失和後，依然肯定周作人的文章，購回其新作細讀，但兩兄弟始終堅持迴避的態度，造成了歷史和親情的遺憾。倘若魯迅能寬容地引導弟弟走出狹隘的思想域，一同完善民族氣節和革命鬥志，或許能挽救周作人不會迷失自己而多了一些污點。周作人的委曲求全，並非自願，當時其四大弟子之一沈啟無勾結日本人迫害他，他發表破門聲明，說凡刊載沈

文的地方，他就不會在那裏發表文章，借助報刊強迫沈氏從文壇掃地出門。

　　周氏兄弟都極具個性，過分地堅毅而走向偏激。這或許與他們的祖父涉嫌科考舞弊案被處以「斬監侯」、父親多病早逝、家道突然衰落等，有一定的關係，從而影響了家中多人患有精神抑鬱或分裂。周作人似有天生的被虐癖，對於信子老婆的頤指氣使、跋扈囂張、奢侈自私，甚至對母親辱罵動手、對長嫂冷嘲熱諷，都置若罔聞，無動於衷，有時乾脆為了這個東瀛女子，與曾對己身愛護有加、扶掖不止的老大，厲言相對、怒拳進逼。他一旦看到大哥、小弟在外和其他女人一起生活，便近似無情地指責是蓄妾，不惜在報紙上聲討親人們自由戀愛的所謂重婚。周建人長子周豐二在父親始亂終棄、停妻再娶時，揮動一把軍刀，不顧親人阻攔，向父親砍去，後來訴之法律斷絕父子關係；次子周豐三在二伯附逆的情勢下，多番勸說未果，採取了飲彈自盡的「死諫」。這些讀來，都是周家日常生活中的事情，卻令人感受了許多感傷和蒼涼、無奈和遺憾。

　　李伶伶發現，周氏三兄弟早期都與表親姐妹，青梅竹馬，有過懵懂的鍾情和戀愛，如樹人之於二舅家的魯琴姑，作人之於小姨家的酈永平，建人之於大姑家的馬珠姑、二舅家的魯招姑。但因種種原因，這些可愛的女子沒有成為周家的媳婦。魯瑞為兒子選擇妻子，想得最多的是生兒育女傳宗接代，相夫教子操持家務，很少顧及在外讀書的兒子喜不喜歡。雖然她非常中意知書達理能看懂醫古文的琴姑，但聽人說起侄女和兒子生肖犯沖時，便不顧臉面和親情來娘家退婚，致使可憐的侄女最後抑鬱而終。她苦心為兒子迎娶了安姑娘，但兒子不領情，給她找來了另一個媳婦，另兩個兒子也給她娶回了兩個日本女子。讓她沒想到的是，她中意的朱安雖得不到兒子

的喜歡，但十分本分老實，不會滋事；而兩個陌生的異國媳婦，卻影響了三個兒子的兄弟鬩牆，一個家族的親情破裂。

　　一個著名的大家庭，因於諸多歷史原因，逐步走上分化和仇恨。人們對這個家庭中的大人物，喜歡從大處著手，寫他們精神與思想上的偉大與精彩，而李伶伶卻從細小處切入，寫發生在他們的生活、學業、愛情、婚姻、子女、家庭、家務等，寫他們同住一屋簷下不同的人生走向。周氏家庭裏，究竟有多少隱秘罕見於周氏文字中？有哪些不為人知但是事實的故事？祖父一夫多妻與父親一夫一妻，對後人有著怎樣的影響？兄弟傾情所愛的紅顏知己，卻被同胞弟兄視為外面的女人？那些最後的倖存者，晚年的生活是如何的狀態？……這些都被李伶伶寫進了深入淺出而值得精讀的《周家後院》中，寫出了很多真實、情趣和悲催，讓我們感受了《魯迅全集》、《魯迅回憶錄》、《魯迅家世》、《知堂回憶錄》中細節的價值。當然，我們還會存在很多詭異且耐人尋味的歷史，未被發現，期待李伶伶和更多的李伶伶去發現和分析。作者側重寫發生在「後院」中的點點滴滴、是是非非，繞過了大眾熟知的林林總總：著書立說，抗爭時事，站對立場，風花雪月……努力去挖掘那時艱難歲月的多樣人生與複雜情感，讓這些伴隨著他們的傑出而永遠留在我們的記憶裏，讓我們感傷往事流逝時的可愛、天真、浪漫、兇悍和失望，回味化作陳跡但不會消逝的笑聲、清淚、柔情、失意，以及一種莫名而真實的恐懼與尷尬。

　　原本分外親近的周氏三兄弟，隨著年齡的增長、家居的演化、性格的塑成，都在所追求的領域成就了自己。這些足以帶給早年守寡、茹苦育兒的魯瑞，許多溫柔和慰藉，但讓她沒想到的是，成熟後的孩子們，不能親愛如初了。他們選擇了無奈的怨恨、落寞的分

離和親情的孤立，並延續到下一代同堂而不相親、共祖而不往來。擅長以細膩筆墨寫名伶花旦往事的李伶伶，對中國現代文學史上著名的周家隱秘在後院深處的傷痛、感傷和蒼涼，日常生活的細微、瑣碎與愁緒恨事，認為這些雖沒有戰鬥性、反抗性、不妥協性和非反封建性的小事，足以體現魯迅兄弟人性和思想上的純粹與不足，激進與絕傲，針砭與自省。這種並無偉大的平凡，充分展示了他們有著普通人一樣的情義、愛憎和離合悲歡。閱讀這些歷史末節，我們要從流行的評價中突出重圍，重返現場，客觀把握魯迅在婚姻、愛情和兄弟情上的憧憬、堅持、無助和苦悶，認識周氏兄弟崛起、成功、輝煌與分化的現實，瞭解他們性格背後的無奈和倔強，也理解他們人生缺失與苦澀的內涵。歷史不容許假設與如果的存在，但已遺留的偉大同悲劇，卻不能分離判別，否則我們看到的也就只有朦朧和迷離，殘缺和陌生。

（原載《新民週刊》2012 年 2 月 6 日）

中國歷史中的「我」與「他」

　　翻開中國歷史，總能看到東夷、南蠻、西戎和北狄之類的名詞。這一類事物曾經接連出現，使中國古代政權，很難長期地以統一主權國家的面目出現。即便是三皇五帝時期，不同部落的紛爭，就已萌生了華夷之別的早期狀態。數千年以降，中國文化系統也隨著領土分割、朝代更迭，始終未以單一模式和觀念出現。歷史學家許倬雲把研究視角，從新石器時代，一直延伸到國共較量的現代歷史，充分運用「自－他」、「中－外」、「中心－邊陲」等辯證理論，審視「中國歷史上的內外分際」，反思寫在《我者與他者》（生活・讀書・新知三聯書店 2010 年 8 月版）中的歷史存在。

　　許倬雲將歷史上的中國，視為一個不斷嬗變、向前發展的系統，不論是作為政治性的共同體，還是文化性的綜合體，都有著其自身特有的現實與秩序。他的視點漸次轉移，從史前時代開始，輾轉殷商、姬周、劉漢、李唐、趙宋、蒙元、朱明和滿清，著重闡釋王朝史上的歷代中外關係。從嚴格意義上來講，其所敘說的「中國」，當理解為「中原」。

　　外來的遊牧文化，不斷侵蝕中原的農耕文化。漢人和異鄉人你來我往，相互滲透，彼此影響，甚至通婚聯姻、商戰爭鬥，明裏依助，暗中較勁。八次顛覆與重建，致使傳統的中國，早已不復存在。我者與他者，在一次次嚴酷的較量中，或消融互補，或替代重組。

數個古老的文化體系，沒有遏制住堅守自我、天朝至上的舊中國，呈多元地曲線發展。

縱觀中國史上多次變遷，不外乎表現在六個系統內部的互動，如中原國家同其他國族、中原本部同邊陲族群、中央政權同地方政權、國家上層同社會底層、文化學術方面「正統」同「異端」，以及市場經濟網路的運作。雖貌似苦澀慘痛的競爭，但所有的調節與適應，讓不同時期的中國，在全域上都處在掙扎與蛻化的歷程中。

李唐初年，曾屈膝向突厥臣服，後發展壯大，數番用兵、用實力，迫使突厥諸部尊李世民為天可汗。大批胡人進入中原地區，或經商販賣，或定居做官，促使了唐朝經濟文化日趨繁榮鼎盛。但，「我」「他」之間的相容博弈，自始至終，未曾停歇，胡人安祿山、史思明輩，藉在中土節度擅權的機會，大興干戈，動盪天下。漸已怯弱的唐政權，不得不求助於郭子儀、李光弼、僕固懷恩的外族軍隊，甚至直接延請回紇、吐蕃出兵參戰，還對客軍寫出了「子女金帛」任其處置的許願狀。賊將被迫自戕，國土收回不少，但此時的國家與社會，不再有貞觀之治、開元盛世的那般情景了。

如此劫難，最高統治者是應負責任的。若是妥善處理好了「我者」與「他者」之間的關係，又怎能讓安、史之徒有機可趁呢？

同樣是唐朝君王，在對待外來文化上，各懷態度，大相徑庭。早年玄奘西去天竺，求得佛經東歸，得到太宗禮遇甚隆，也為後世吳承恩寫作《西遊記》，提供了不少想像的空間和素材。這是久受儒家文化薰染的中國社會、且以李耳後人自居的李唐王室，對外傳宗教的一種寬容和大度。但，時過一百多年後，韓愈上表諫迎佛骨，觸怒憲宗，險被處死，後貶謫出京。武宗崇信道教，下令廢佛，除

長安、洛陽及諸道保留規定的少數佛寺外，其餘的寺院一律拆毀，毀廢寺院、廟宇數萬處，勒令僧尼二十餘萬眾還俗，解放寺院奴婢十五萬人，皆充兩稅戶，沒收寺院良田數千萬頃。一個以禮待佛，一個盲目信佛，一個瘋狂滅佛，對外來「他者」影響的不同做法，可看出不同階段「我」「他」之間的諧和與矛盾。

「安史之亂」後的中國，閹宦專權，藩鎮割據，加之不時興起的農民反抗，引著曾強盛一時的李唐王朝，陷入了崩潰境地。是時肇始，「他者」與「我者」鬥智較力，先是五代十國中異族強權蹂躪中原，分得某一區域；後為兩宋雖有心反抗但又貢獻「歲幣」，求取暫時安寧。「我者」的氣力似乎疲軟了許多，而「他者」的更新愈發強悍。契丹族、黨項族、女真族、蒙古族的首腦們，無一不想漫步中原、踏歌江南，但「我者」依然堅守著狹縫裏的最後一隅，反而欣賞了外來族群的惡性廝殺。即便一代天驕成吉思汗強攻硬戰，橫跨歐亞，威武煊赫，也只能將南方的虛弱政權，留與孫子忽必烈爭取。南宋最後還是被滅了，但「我者」的力量，一直延續、壯大著，後來給予矛盾重重的「他者」集團一個致命一擊。

醜和尚朱元璋重組的漢人政權，建起了「我者」的信心和榮耀。但不到三百年的守衛經營，又一次為「他者」力量攻略坍塌。滿清統治者自皇太極開始，便重視與漢族勢力聯手，數代以降，滿漢一家，相互消融，「他者」朦朧地轉為了「我者」。

此前，不論先秦的列國體制，還是封建政權的轉移，都屬於中國內族群的「主」「客」轉化、「我」「他」混合，為中國世界形成、帝國系統衰變的具體表現。然而，自明開始，迄清日隆的閉關鎖國、顢頇尊大，使中國在歐美勢力、東洋威脅等「他者」面前，外強中乾，苟延殘喘，無所適從，直至最後喪身於一片「驅除韃虜」的排他呼聲

和炮聲中。雖其間曾有幾位漢臣試圖中興，力挽狂瀾，但不能辯證地認清「我」「他」體用關係的正確運作，也只能歎惋時運不濟。

四千年來，雖不斷有對外貿易、交流、饋贈事件發生，但無論是張騫出使西域，還是唐代接收一批批遣唐使，或清帝乾隆接見英使命之跪拜，都不難發現中國中心論，始終轉動在大多數國人心裏。他們不情願同如其一樣存在地球上的國家與人民，平等相處。這個很難擺脫的「心障」，將原本胸臆開放的普世主義，慢慢演化成自設的局限。受這樣的文化觀念與政治觀念的雙重影響，周邊的日本、越南等東亞國家，也自我期許為中華文化的正統。今日之韓國，就端午祭、中醫等中國傳統文化進行申遺並成功，足見一斑。

許倬雲擅長於運用社會科學的理論和方法，來研究中國歷史，並著眼在文化、經濟等方面做重點解析。他審察有內外分際的中國歷史，努力觀照區域、族群文化之間的交流互動和分合，並推及全球文化圈之間的交往，使人在一個寬闊開放的視閾中，看清楚歷史的真相和世界的真理。

《我者與他者》原為許氏於 2007 年 11 月應邀在香港中文大學「余英時先生歷史講座」上的講演，後據錄音稿修改、潤色和補充，充分地將中國歷史上「我者」同「他者」的接觸、掣肘和融合，進行了簡明扼要但深入淺出的探討，意欲為後世正確誘使「自－他」、「中－外」力量匯流一脈，推進社會的強勁發展，提供理性史觀的事實分析。如今的中國，已不再是史前文化中的原始部落聯盟，也非動不動訴諸武力解決族群矛盾的封建王朝，而是經歷了三十多年改革開放的現代化主權國家，自然進入了國際社會、世界文化的範疇。如何消解「我者」同「他者」歷史缺失，同生共榮，生發出新的巨力，將是一個化「他」為「我」、棄「我」為「他」的涅槃過程。

我們可以循著許氏思想與社會現實，找尋到尊重歷史與冷靜思考的重心和起點。

（原載《中國教育報》2010 年 10 月 18 日）

跨越生命巨流的對話

　　每個人的內心深處，都有一條源流不息的河，時而浪濤洶湧，時而波瀾不驚，使人會念念不忘發生在河上的千千總總，也因之鍾情、戀愛、歡欣和感傷……在台灣大學榮譽教授齊邦媛的心裏，同樣有著一條河，那就是遼河。如今已別離七十餘載、相隔數千里，但一直不能離開她的思緒、回憶和文字。

　　齊邦媛沿襲前清對遼河的稱謂，將其呼作巨流河。她和巨流河有著很深的、無法割捨的情緣。她忘不了翻滾在河上的浪花、船帆、號子和煙雲，忘不了當年經受百般蹂躪、千番掙扎而又萬種風情的悲烈，更忘不了父親齊世英兵敗巨流河卻無可奈何的情景。父親最終沒有渡過巨流河，她也時刻遙思著巨流河，似乎那已成為她不能渡過的情結。直至她年過八十，還顫抖著纖纖彩筆，將大半生的悵惘、迷離、憂樂與期待，寫進了長篇回憶錄《巨流河》（生活・讀書・新知三聯書店 2010 年 10 月版）。

　　齊世英是一個有抱負、志氣和思想的熱血男兒，深受張作霖器重，曾受命負笈日本京都大哲學科、德國海德堡哲經系留學。歸國後，他結識了奉系幹將、新軍領袖郭松齡，同樣對日俄侵犯東北的諸般惡行激憤於心。是時的張大帥，專赴日本購置軍火、尋求支持，欲同南方的國民軍進行內戰。強烈的書生報國的意氣和覺醒，激勵齊世英果敢地放棄精英分子的富貴前程，毅然追隨郭氏倒戈反張。

他們在巨流河慘遭日機轟炸，一敗塗地。郭氏夫婦被捕，不日槍決。齊氏不得不流亡關內，加入國民黨，負責東北黨務。

齊世英奉命返回故地，整合人事，重建東北，而國民黨的接收大員貪腐乏能、聽任俄國人凌辱東三省，使其慢慢地對國民黨中央產生了不少困惑與失望。他選擇了獨特的保國衛民的方式，堅持自己赤忱酬國的理想。他在東北籌建中山中學，一次性收容兩千餘名流亡學生；他於漢口創辦《時與潮》雜誌，向民眾介紹國際狀況同形勢。十餘年過去，倭寇已被驅出中華，然蔣介石重燃戰火，然國共內戰的最終結果，迫使蔣氏政權寄寓孤島，齊氏也被強制再度流亡。在台灣，他骨子裏的反蔣意識愈發強烈。他反對增加電費以籌措軍餉的政策，而不懼觸怒蔣介石；他和雷震等人組織新黨要求公正選舉、追求真正民主，未果而險陷囹圄。

齊氏崢嶸一生，有著愛國的赤情與不斷抗爭的作為，但最後只能在異鄉茫茫度日、鬱鬱而終。也許會有人認為他同蔣氏中央半生齟齬，卻還是難免有愚忠的成分，不然怎麼不在受迫赴台前再次倒戈。或許還有人哀思那次兵諫倘若成功的另一種情景：不出現「九一八」的恥辱，不會有「滿洲國」的倒退，不會有西安事變、八年抗戰甚至國共內戰……然而，殘酷的歷史，即便你有各式各樣的、變化多端的懵懂的想像和憧憬，也無法改寫過去的事實。那一瞬間，已不具有多樣性、偶然性和不穩定性等狀態，也自始至終留在了從六歲起開始背井離鄉的齊邦媛的記憶裏。

對於郭松齡的學生、張作霖的接班人張學良，齊邦媛給予的評價，是耐人尋味的。她既感念於張氏在西安的壯舉和妥協，又難免聯繫前事，認為其缺乏政治遠見。郭松齡兵諫張作霖，原想促使東北軍權向張學良轉移，但沒想到在少帥心裏，乃父的即是自己的。

張學良不主張突起兵變，強行逼宮，甚至後來將此次悲烈，理解為造成多年殘酷史實的導火線。強敵壓境，東北危急，蔣介石勒令「攘外必先安內」而不得抵抗，張學良雖曾一夜二十餘次電詢蔣氏卻遭拒絕，但始終不得齊世英體諒，更是加激發了張、齊之間的恩怨情仇。

真實的歷史和歷史的真實，是不能忘記和篡改的。齊邦媛一邊追憶父親經歷的烽火歲月，一邊回味自己的風雨人生，而不迎合當下某種體制的資政需要，亦非契合時代讀者潛在的閱讀期待。她重提故去的事情，試圖激發人們去重視和珍視、整理和記錄曾經的人物是非和歷史變遷。父輩當年在巨流河上演繹的悲壯，留在齊邦媛印象中的，應該是斑駁模糊了。她在父親追思的口述裏，自然會因那灰飛煙滅的場景、不能忘記的流離，震懾心魂，激動不已。然她在後來的成長和顛簸中，目睹身歷了更多的艱難，其中包括許多同她很有情義、時常交往的人的故事與悲劇。父親大起大落的一生中所保持的溫和、潔淨，是她溫馨而愉悅的記憶。張大飛可愛聰明、青春精神，卻投身空軍在一次空戰中以身殉國，讓她有過說不盡的思念。她依稀記得朱光潛先生含著清淚吟哦雪萊、濟慈的詩歌的場景，卻不曾預知到老師在後來的狂飆運動中遭受誤解及損害。她和錢穆老人相識在編譯館，時常傾心交流生存之道，成就了十餘年不斷的往年交情，然而使她意想不到的是一部史書、一場是非，造成了這位國學大師的晚年厄運。

齊邦媛二十多歲便被台灣大學臨聘為外文系助教，走近了鵝鑾鼻燈塔下可使驚濤巨浪聲消音滅的啞口海，也漸漸遠離了昔日熟悉與長期糾結的巨流河。她思念著讓父親刻骨銘心的巨流河，試圖從啞口海上尋找到巨流河的影子。她審視所接觸的各種歷史事件、政

治體制、思潮運動、精神生活、意識形態、文學藝術等，思考因諸多緣故而不斷掙扎、不甘沉淪與墮落的生命。那些使人感傷、與人蒼涼的好些情景，被齊邦媛一一寫進了深情而平實的文字，感念少有英華老無奈的親朋師友，哀悼傷痕累累、憂患重重的榮辱歷史。

她此生不忘在抗戰八年中的艱難而幸運的成長。她在戰火紛飛的年代，目睹了中國教育和國家命運的艱難聯繫，看到流亡學生跟隨老師從南京到武漢、經湘桂入川的苦難。時過境遷，人不可待，無可奈何，磨難成就了一段偉大的歷史和一群傑出的人物。抗戰期間未被敵人佔領的西南各省，已經開始了公平嚴格的聯合招生考試的制度，不時遭受軍事打擊、經濟危機又不得不疲命奔馳的政府，確是堅持從窘迫的財政中撥出鉅款，以助戰區學子不因時勢困苦而延誤學業。現在海內外頗有成就的老一輩學家巨匠，大多師從西南聯大中走出來的。而今海峽兩岸蓬勃的教育事業，也多半受益於西南地區科教不息的薪火相傳。此段歷史為多數學者紛紛記錄，但部分細節塵封了七十餘年，卻在齊邦媛靈動的文筆中，等到了富於史詩般性質的重新展示，從中濃縮了抗日戰爭、國內戰爭、台海敵對、台灣逐步解禁到兩岸通航對話、國共互訪交流等諸多事件，其中有愛國人士的清醒，有抗戰勝利後的振奮，更有多番運動中的掙扎，以及重回中國內地的欣喜愉悅。這些不論歷經了多少個春去秋來，都是一段殘酷的記憶，反映著一個時代人們改變精神境遇和生活現狀的爭取，以及出現一種情感巨力衝破被煙雨陽光遮罩的、內在的另一種現實。

齊邦媛從年紀輕輕開始，在台灣定居、教學、創作、編譯與研究，轉眼六十餘年，海峽阻隔使她期待再次親近巨流河。然而，種種因緣際會幻化，機遇屢屢不得，只能遙思與歎息，夢尋與祝福。

漫長的歲月，始終折磨著齊邦媛思念、牽掛故鄉和故人的心，但未曾淡化她對東北、台灣兩處熱土的同時熱愛，同時給了她許多溫柔和慰藉，愉悅和悲涼。她由台灣的啞口海，聯想著東北的巨流河。她從巨流河到啞口海奔波流離的慢慢長途，想到了父親曲折而困惑的從政歷程，想到了自己對東北不能回歸、於台灣不再別離的人生選擇。

齊邦媛依憑「巨流河」為情感觸點，勾勒了父親的遭遇、自己的經歷作為敘述主線，又穿插熟悉人物的命運榮辱，折射出 1920 年代至今的中國風雲和台灣歷史，以及不同意識形態下的艱難時世。我們似乎可以將《巨流河》，看作為齊邦媛同父親跨越生命巨流的對話。如果我們認真感受齊氏父女的人生遭際，張大飛青年報國而華年凋謝，朱光潛在美學大辯論中的苦悶彷徨，錢穆人生最後歲月的落寞無助，更有可能看清從個體生命的流離現實中所映藏的國家血淚史。

齊邦媛數十年間不倦地推動台灣文學的發展，為構建台灣文學品牌不遺餘力，又積極把西方經典引入台灣、將台灣代表性文學作品英譯推介至西方世界，嚴謹著述，且有專論《千秋之淚》、《霧漸漸散的時候》、《一生中的一天》等相繼問世。同樣是出生於中國內地且父親為國民黨政要的台灣作家白先勇，不無深情地讚譽齊家大姐為「台灣文學的守護天使」。而在齊邦媛的思想裏，不但期待著巨流河同啞口海能跨越種種困圍、般般艱險再次匯流，更矚望台灣文學在國際文壇擁有自己的席位的同時，重新延續、回歸中華文學傳統，與中國內地文學有一個根與魂、血與肉的融通和對接。她不顧殘年羸弱，頑強地追憶發生在《巨流河》裏傷痛和哀怨，歡欣和慰藉，努力發掘觸動人心而又熟悉親切的真實，凝聚一個文化學者對

中國現代史的見證，又用理性、平靜、真誠與期待，啟發人們自覺地彌合曾經的迷離和傷痛。

（原載《新聞晨報》2011 年 2 月 20 日）

等待團圓的生死別離

　　回顧和重溫歷史的真實，都是殘酷的。那慘痛而無奈的事實與記憶：戰爭，暴亂，瘟疫，屠殺，地震，海嘯……一切天災人禍，留在我內心深處的，是血腥的印記，錐心的烙痕。張典婉《太平輪一九四九》（生活‧讀書‧新知三聯書店 2011 年 6 月增訂版）中，那特殊的年份，曲折的歷史，哀傷的故事，懾人心魂，使我隱約看到那艘超負荷的鐵皮船，隨風浪沉沉浮而不得拯救的情景。我遲遲不敢下筆，不敢細想那殊死掙扎又無可奈何的現場。這對我辨識國共內戰那時艱難歲月，有了很多新的認識和理解，也讓我感傷林林總總的時代蒼涼與人性圓缺。

　　《太平輪一九四九》雖然不是大部頭，其中多是記者式筆墨，但張典婉對 1949 年 1 月 27 日晚發生在舟山群島外海白節山附近那場船難，對倖存者中李述文、葛克們痛苦回憶，對鄧蓮溪、吳伯超等無數死難者後人的哀思，以及死難者的妻兒、親朋對他們的不能窮盡的思念，甚至因種種原因錯失這班船的倖免者的餘悸，一一情不自禁又不得不作平靜的追述和記錄，讓我們對這一段歷史的故事、一系列有故事的人生，有了一個中間路線的熟悉。

　　1949，對於中國而言，是一個關鍵性的轉型期。對於所有的中國人而言，又是一個歡欣與哀傷、重生與分離的轉捩點。當時，人民解放軍步步南進，國民黨軍隊節節潰敗，很多高官商賈、知識分

子，以及懼怕戰火的小富人家，迅速收拾細軟，試圖跟著不斷造勢、大肆渲染的蔣家政權，暫時寓身海外孤島。

1949 年前後遷台的，約有 200 萬眾，這是中國移民史上一次罕見的大行動。他們有迫於命令的，有困於形勢的，有被槍口威逼登機坐船的，也有自願的……他們對內戰複抗戰、抗戰複內戰的炮火與子彈，產生了各種各樣的厭惡與憎恨，又憧憬遠離戰事的團圓。為了這一難得的溫暖，他們選擇了流離，不惜用二十根金條買一張船票，或強行登上原來需用梯子登船、現在可以直接跨上的逃難船。

當時，蔣介石飭令實行宵禁，船隻只好熄燈偷渡。讓人沒有想到的是，經常往返於上海、基隆兩地的太平輪，被滿載煤塊以便上海供暖的建元輪撞上。建元輪上 30 多名船工，太平輪上 1000 餘名乘客水手，先後被寒冬冰冷的海水吞噬，只有 36 人倖存。

被傳為「黃金輪」的太平輪，最終沒能履行太平的涵義。這貌似偶然事件，循著張典婉找到的史料證據來看，只能賣 508 張船票，竟坐了千多名船客，外加上預投台灣建設的 600 噸鋼材，中央銀行重要卷宗 18 箱，東南日報社整套印刷器材、白報紙和大量參考資料，無數的南北雜貨、藥材、五金、政府報表檔、兩岸商旅帳冊，大量的國民黨重要黨史資料，還有不少船客身上纏滿了沉甸甸的金條……事發時，船長不在船上，大副、二副喝醉了酒，三副忘記了轉舵。如此超負荷運載，船員不作為，逃難船中途出事，也是必然。它的覆沒，不像泰坦尼克號那樣，撞上了暗礁冰塊，而是被兄弟輪撞上了，被自己的違規操作撞翻了。

死難者中，有不少是一大家子，如山西省主席邱仰浚一家、遼寧省主席徐箴一家，都是二十五六人。其他為夫妻、母子、父女、兄弟姊妹、上下三代，返台的商賈，幾人十餘人，甚是慘重。許多

擠上船的旅客、買了票的小孩,沒有出現在罹難者名單中。太平輪的東家中聯公司老闆周曹裔,在股東四處離散、保險公司關門的情勢下,砸鍋賣鐵地理賠遇難者家屬,還面對難屬們的辱罵、推搡和有司羈押。台灣主持人蔡康永曾有文章,寫到太平輪是他「家的鐵達尼號」,他父親是股東,保險公司為其父朋友所開,事發後,這家保險公司即刻宣佈倒閉。

即便有再多的賠償,但逝者已矣,留給兩岸親人們的,皆是無盡的慘痛、哀傷和親情的割裂。張典婉找到部分倖存者,查閱大量檔案後,痛苦地發現,在這生死大悲劇的背後,隱藏了多種人性現實:有獨自划著救生艇迅速往前衝的,有為塊木板將他人推開的,有船隻經過聽見呼救聲、哭泣聲置之不理的,有船民鉤取屍首上的金器發財的……同這些醜惡相對的是,葉倫明趴在木桶上,遇到有人,就努力伸手試試是否還有呼吸;途經的澳大利亞一艘軍艦把飄散著海面上的生還者,一一救起,給他們熱湯熱飯,為他們烘乾衣服,還他們證件錢財,送他們重返上海。一位叫陳遠寬的漁民,少年時乃父出海帶回一位垂危的女人。乃父過世時,遺言中交代他去尋找那沒活幾天的婦女的後人,可敬的陳大爺盲目地苦等了 60 餘年,最後等來的是這個張桂英,不在罹難者名單中。像這樣因沒買船票,而沒有名字的死難者,不在少數,王淑良經常徘徊在基隆港口,尋找沒買票的哥哥的影子。

倖免的生還者們,因為無情的船難,人生有了不同的轉折。台灣商人葉倫明被送回上海,在後來的「三反」「五反」、思想改造及「文革」中,被折騰得半死。當兩岸解禁時,他朝思暮想的妻子早已改嫁。倔強的他,堅持以長跑的方式,紀念無數難友的逝去,卻不願意和再度寡居的前妻復合。作為年齡最小的生還者,僅有的兩

名獲救女性之一，王兆蘭後來來到父親的身邊，在台灣接受正統教育，過上了幸福生活，但聽到張典婉要採訪太平輪事件，頓時哀痛不已，後來堅強地進行訪談，時而中斷，嚎啕大哭，痛訴自己沒能保護好弟弟妹妹，只能為母親們做一個寄託不盡哀痛的衣冠塚。

死難者遺留的妻兒，也進入了翻覆的命運。愛人遇難的丈夫或妻子，或重組家庭，或獨自撫養子女，或迫於生計而將幼兒抱養給他人。失去母親、或父親、或雙親的孩子，甚至是遺腹子、遺腹女，從此有了迥然的人生。黃似蘭的媽媽死了，她成了「失落的公主」，原本殷實的生活，因媽媽的遇難，她成了姨父姨母的使喚丫頭，成了親屬騙取其母遺產的信物。林月華一直在尋找未曾謀面的父親，每每遇到難屬活動或海祭日子，總是同先生堅持參加，寄寓哀情，也善意地隱瞞視己同親生的養母。她擔憂老人更為傷心，又不能割捨對血緣親情的艱難尋覓。

球評家張昭雄的父親，音樂家吳漪曼的父親，刑案鑒識大家李昌鈺的父親，製樟業傳人吳能達的父親等，帶著僥倖與惶恐，登上了這艘不歸之輪，留給他們親人、兩岸同胞無窮盡的哀慟和悲屈。同樣失去妻子、兒女的陳金星與葛克，因為那次船難，成為生死之交，每到週末，總是相聚，默然相對，直至天黑。這讓人不敢想像這個可怕的畫面：兩位經過生命風浪的軍職男人，危坐在客廳中二十年，很少說話。這樣的無聲，卻讓人聽聞到無數的哀鳴和憐惜。

他們拼命地擠上超載無數倍的太平輪，希望能同彼岸的親人，過上團圓年。是夜已為小年，已為歸家的日子、團圓的時節，但老天將他們訴求團圓的願望，無情地扼止在蒼茫而冰涼的海域，讓他們的親人在傳統的團圓之夜淚流滿面，使我們兩岸中華同胞，不能忘記團圓路上的艱難、曲折、生死和期待。歷史的緣故，造成親人

不能團圓。這不是外來勢力的阻隔，而是同室操戈的悲哀。張典婉翻查當年的史料卷宗，苦尋當事人和知情人，不懼被人掛斷電話、或被趕出摔門的尷尬，在短期內高效地拍出了紀錄片《尋找太平輪》，寫出了在台灣和中國內地先後出版《太平輪一九四九》。她不是太平輪事件的親歷者，也沒親人死於這次災難，出生時太平輪悲氛已經淡化，但養母錯過那班太平輪而倖免的感傷，養父身為正直外交官而遭受監控的窘況，觸動了她敏感那次海難的神經。她要用鏡頭，用文字，用散失在沿海各地檔案館的卷宗、證詞、訴訟書、回憶文章及當時報導，打撈那艘 60 多年前的失事沉船，打撈漸漸遺失在人們記憶裏、歷史記載中的中國故事，讓時代重新審視那一段苦痛的歷史、那一千多個無辜的生命，以及那價值無法估量的風雲見證。打撈這些，也許她無意於去評說那段歷史中的誰是誰非，也不去譴責那些執事者的怠忽職守、草菅人命，更不會嘲笑那群為了逃命而不怕冒險的死難者，而是讓我們驚醒地認識到，兩岸同根同脈同血緣，緣何在團圓路上，總是那般的艱難，那般的痛苦，那般的茫然和無助。

當年台灣原著民僅十萬餘眾，蔣介石大規模移民至台，除了計劃反攻大陸外，還要異化當地民生。他將街道改同了中國內地名稱，將與其有算命情緣的陽明山搬名到草山，就連日常小吃美食，也搭上了蔣家人喜好的色彩。今日之台灣，不止在版圖上與中國內地根脈相連，而且生活其上的人們，大多是中國內地過去的外省人一代、二代、三代、四代……張典婉就是原籍江西南昌的台灣二代。她對中國內地的情結，不會斷裂，在她的生活周圍、所到之處，都是熟悉的中國內地遷徙者及其後人的言談身影。她作為資深傳媒人，意識到兩岸須放下歷史包袱，正視歷史根源，走過淺淺的海峽，真正

實現久違的團聚——這是給那些死難魂靈無數溫柔和慰藉的團圓，
是使所有中國同胞許多鍾情和戀愛、歡欣和溫暖的太平盛世。她促
成葉倫明和王兆蘭的重逢，尋找別離之舟的倖存悲歌，訪問花開散
葉的時代哀鳴，努力將離散的記憶，拼出太平輪事發始末、中國人
嚮往團圓的圖景，展現在我們面前。

團圓之路遠嗎？也許很遙遠，也許並不遙遠。那場付出慘痛代
價的海難，是人們在尋找團圓，是為了久遠的團圓。團圓是經歷 1949
與知道 1949 的中國人，最溫暖的親情記憶和生死追尋。這是一種等
待與回味，更是一種呼喊與堅定。

可能那些官員商人，如留在中國內地，難免會在後來遭受多次
政治運動的折磨、侮辱和損害，會逼上垂死掙扎的懸崖邊緣。但，
他們在那場海難中的生死別離，卻對中國兩岸的團圓，是一個不能
迴避也無法繞過的血的教訓。這是一個讓我們必須思考的課題，一
節我們必須直面的歷史。這些年來，雖寫到海峽阻隔、南渡北歸、
名流離別的文字，屢見不鮮，但真正涉及太平輪這一主題，尤其是
關於普通市民遷台事實，進行反思、展開論述的，不為多矣。張典
婉這本《太平輪一九四九》，是繼龍應台《大江大海一九四九》、齊
邦媛《巨流河》之後，第三部提到太平輪事件的圖書，更是第一部
系統重溫、闡釋太平輪時代悲劇的專門著述。此次三聯書店所版，
較之於其台版，多有增益、補正和補充，視為增訂，但在中國內地
屬於首次印行。其中大量的人物圖像、證件剪影、報章影印、索賠
證明、民運殘照，以及當時媒體對事件報導的時間、報名、標題和
摘要一覽表，都為她的論述作了最好的佐證。雖然書中對那些人為
何要走上逃亡路、擠入超載輪的歷史背景，可能因張典婉及其身邊
的人長時間熟悉這個事件，而疏於簡筆，但，我更期待她能有更多

抓住情愛的軟肋

張愛玲的長篇小說《小團圓》，上市迄今一年有餘，仍被各大書城書肆擺放在顯眼位置，為張迷與非張迷們熱情翻讀、殷勤推薦，無形中生發出許多不曾預料的歡欣、癡迷與鍾情。這般熱銷，靠的不僅是張氏夾帶小資情感的性靈文字，也全非其中獨有外人不曾遇見的情感與思想，似有一種無法抹去但讓人難以忘懷的憂傷及迷離，激發大家好奇張氏於 1970 年代開始創作，後幾易其稿，而至臨終則遺囑要「將手稿銷毀」。幸有幾位好友憐惜，珍存下來，使多年後的讀者們循著文字，希望找到張愛玲與胡蘭成的愛情影子。

擅寫情感文字的蕭蕭，以張、胡情史開卷，並借用胡氏《今生今世》的書名，寫出《今生今世：民國名媛情事》（山東畫報出版社 2010 年 2 月版），將民國期間 35 位文學才女、政治精英、藝術名伶等的情感往事，一一勾畫出來，讓我們較近距離地看到追求男女平等的新文化運動早期，女性展示魅力、追尋愛情與不斷掙扎的獨特風采。

這些女性，在民國當時，在現代中國，時常為人們提起。尤其在今日，諸多出版社、書商總愛拿她們的情事，做大大小小的文章。似乎此類公開的秘密，足以為人們於休閒之餘提供或多或少的笑料談資。她們各有專長，憑藉自身特色留在了人們的記憶中。即便是曾經遭舅父賣至妓院、被商會逼作誘餌的潘良玉，也於後天演習、修煉中，成為了在法國巴黎多次辦展賣畫的藝界大家。

是書分為「縱有才情空留恨」、「此情可待成追憶」、「問世間情為何物」、「萬般薄命皆為情」與「多少樓台煙雨中」五章。章章寫情，篇篇寓情，不同的情境，不同的遭際，讓作者感歎、或驚贊不同的名媛人生。

書中所寫五四之後的文學名家，除冰心與吳文藻相濡以沫、伴守一生外，其他輾轉多番，情感翻覆。

受魯迅看好的蕭紅，早年受盡父親冷酷折磨，後遇到蕭軍、端木蕻良，雖都興趣相投，但一個待其如小孩能共患難、難做夫妻，一個賴其似姐姐而忘記了給妻子疼愛，最後只有困苦和寂寞陪伴蕭紅短命逝去，只有諸如《名利場》一類的經典文字留給後世。

廬隱的初戀是美麗的，但第一個與之結合的初戀愛人無法遮掩思想上的平庸，後所遇傾心相愛的也帶給了她不少的痛苦，前次結合但愛人罹病早逝，後次臨產為庸醫所誤。

其他如遭受愛人背叛的蘇青、有過四段情的丁玲、為愛夢一生的白薇、與真情生死相依的石評梅等，都是因為情感，寫出了一段段美麗的文章；也是因為情感，冷飲了一個個刻骨銘心的無題。

宋慶齡、何香凝、陳香梅、湯國梨……遇上不同的政治明星，演繹了不同的情感活劇。

宋美齡雖無二姐「國母」一般的稱謂，但與蔣介石的結合，有過愛，有過恨，有過丈夫數度出軌的無可奈何，也有過野史傳聞與某某美國人偷情的陰暗寫實，雖然這些不足以遮掩其美麗、聰明與手腕，卻只能將其在歷史風雲際會中的光彩，換成近百年來中國歷史最有爭議和最有影響的女性身份。

趙四小姐與張學良的愛情，是人們喜聞樂道的，然她對少帥的癡情熱愛，也沒有消蝕將軍在唐德剛面前炫耀數段豔遇的興奮和激

情，弄得唐氏欲撰其自傳而無從下手，還得忍受趙夫人不少的怨恨嗔怪。不然的話，也能為我們在讀唐氏作品時，能讀到一卷張學良口述史，品味其與胡適、李宗仁不同的風雲人生。

陸小曼、許廣平、林徽因的情感故事，大多已為人們熟悉。蔣碧薇、孫多慈的情愛歷程，也於近年來先後被人形諸專著，放置於大眾面前。陸小曼與徐志摩，孫多慈與徐悲鴻，都是真心相愛的，但二徐片面滿足心愛的人而淡忘了給予實質性的關愛，前者對於妻子的精神外遇不引發自身反思，而後者不能很好地處理無愛婚姻與有愛情戀的僵局。然而張允和與周有光 70 餘年從不吵架的婚姻，相敬如彼，舉案齊眉，雖有不同的興趣愛好，如在平常，張氏喜歡中國古代音樂，周氏愛聽西洋音樂，但他們總能相伴左右，使張氏年至 86 歲還跟著親愛的「老頭子」學電腦，讓人為這樣的伉儷情篤不由眼熱心服。此情此景，絕不亞於把情書寫得很美的沈從文、張兆和二哥與三三的愛戀。

民國時期的舞台是耀眼的，出現了不少明星大腕。女演員耀眼出彩，但還是難改戲子常為癡情傷、或被權歸貴潛規則的命運。孟小冬與梅蘭芳的愛情，隨著影片《梅蘭芳》上映，被炒得發紅發紫，但其不為梅家認可而只好分手、形同陌路，後為上海灘青幫大佬杜月笙看上，但終是煙花一瞬、傷心一時。蝴蝶初戀無果，與潘有生的婚姻不長，後遇到色心與匪心成正比的軍統頭子戴笠，幾番下來，戴氏乘飛機遇難，使得欲揮動愛情翅膀的蝴蝶在糾纏不清的日子中解脫出來。周璿、阮玲玉、劉喜奎、唐瑛與王人美，都是現代中國演藝事業發展的大力推動者，各有情愛，有笑有淚，有悲有喜，耐人尋味。

蕭蕭寫癡愛熱戀中的民國名媛，無論是上述這些知名女性，還是與熊希齡演繹「往年戀」的毛彥文、和羅隆基相知十年的浦熙修、

同宋子文相愛無果的盛愛頤及深愛著袁家騮的吳健雄等，都是寫得生機盎然、情趣掩映，毫無堆砌史料的枯燥感和杜撰編造的失真性，更是盡可能地表現女人天性、凸顯思想缺失。作者探秘她們的情感生活，不是為了滿足某些人的窺私心理，而是通過名媛們歷經艱難、嘗遍酸辛的坎坷命途，較好地挖掘出真實人性，寫真誠純潔，寫倔強素雅，寫脆弱的神經與人生困惑，也寫生活中的磕磕碰碰和情感上的彎彎曲曲，甚至觀照不少人的數次情愛變化，寫意新思潮影響下的愛情追求和婚姻選擇。同時，也為今天的有情人、相愛者提供一系列令人警醒、促人反思的影像。

許多男女處於戀愛與性愛中，或如吃飽桑葉的春蠶不生憂思，或把愛視為廉價的話語，進行不負責任的表白，而在日常生活中不落到實處，形成大大小小的情愛軟肋，似乎傷了自己，也是傷了別人……我在《今生今世：民國名媛情事》中，發現了許多癡情女子的愛之切切、情之茫茫，也看到了不少男人甚至是老男人，為所謂的愛，選擇年輕的、家外的，要給女人平等與愛，卻遺忘了家中的女人也需要真愛。更有甚者，成就經典的往年愛，而不思想能夠給予多長時間的愛，無情地縮短了年輕愛人的生理之情愛。遺憾的是，作者雖然抓住了名媛們的情感軟弱處，但過於表現自我愛憎、同情和憐惜，也在誘發讀者激烈的饑渴感同時，弱化了傳主們的心理刻畫，不能很好地讓讀者在靈動的散文筆調中，感知那個時代女權主義尋求的局限。

（原載《齊魯晚報》2010 年 3 月 27 日）

缺席者不會永遠失蹤

　　在中國現代文學史、報刊史乃至新聞出版史上，許君遠都是一個不能忽視、更不能短視的人物。然而，建國以來，歷代人文科學與社會科學史編撰者、著述者，幾乎都遺忘了這一位在文學創作與新聞寫作上很有成績的知名人士，使其始終消失在反右派的迷霧中，成為了一個典型的缺席者。

　　但是，歷史不會使缺席者一直湮沒、永遠失蹤。馮文炳（廢名）如此，許君遠亦是。眉睫、許乃玲選編《讀書與懷人：許君遠文存》（中國長安出版社 2010 年 7 月版），讓我們驚喜地看到許君遠許多險些亡佚的文字。此前，許氏愛女乃玲等曾輯集《許君遠文集》上下二卷，及《許君遠譯文集》，先後面世，側重於散文、小說、遊記、小品和各類譯文。這次所出文存，主要保持著文論價值與史料價值的學術色彩，其中近 20 篇為新近所覓，有利於學者研究、讀者熟悉許氏著作風格、學人風範及大公報史。

　　許君遠 1902 年出生在河北安國縣，1962 年抑鬱而終。其受乃父影響，自幼癡情文史，後入讀北京大學英國文學系，曾聽過陳西瀅、林語堂、劉文典等的講座，同廢名、石民、梁遇春等同學交好。自 20 歲讀大學預科開始，便有了強烈的創作欲望，並積極投稿，在《晨報》、《現代評論》、《新月》、《東方雜誌》等報刊，頻有文章發表，多為連載。大學尚未畢業，便加入編報行列，後輾轉北京《晨報》、天津《庸報》、上海《文匯報》、香港《大公報》、重慶《中央

日報》等，出任編輯、主任和副總編，且不斷創作。1949 年後，他除了在上海《大公報》肩挑重擔外，還為上海四聯出版社、上海文化出版社與新文藝出版社編輯圖書。此期多部譯作推出，《老古玩店》迄今尚有學者研究特色和影響。

然而，好景不長，這位《大公報》第二代中高層決策者之一、中國自由主義知識分子代表、以《益世報》特派員身份出席聯合國成立大會的著名報人、作家與翻譯家，雖寫過文章歌頌共產黨、歌唱社會主義，但因坦誠說出許多知識分子沒有說出的真話，希望寬鬆新聞管制環境，而被《人民日報》稱為「右派急先鋒」，使其同徐鑄成、陸詒在 1957 年被圈定為上海新聞出版系統的「三大右派」。

崇尚自由、嚮往民主的許君遠，被剝奪了分享社會平等公義的人身權利，但他堅持用多個筆名在各地報紙偷偷發表文章。他只想用文字和思想，體現一個真正的自由主義知識分子的操守同信念。但是，厄運沒有因為他的勇敢堅持和無悔選擇，而放棄對他的折磨與侵擾，使其早早辭世後。妻子害怕於紅衛兵抄家的惡跡同淫威，而非常痛苦地、無可奈何地撕毀、焚燒了愛人遺留的大量文稿。

許君遠在特定意識形態中，離開了人們的視野，成為了一個長期的缺席者。雖然沈從文曾著文對魯迅漏選許氏等人文章入集《中國新文學大系》而抱不平，雖然張中行回憶耳聞許氏和學生一起畫《西廂記》中「鞋底尖兒瘦」的情景，雖然金庸忘不了許氏對其提攜教導、為其證婚祝福的點滴，但許氏只能帶著「《晨報》是我的啟蒙學校，《大公報》是我的研究院」的難得糊塗，長時間地被時人淡忘、後人陌生。

許君遠一生憎惡官場逢迎醜態，從業新聞、努力創作而鞭撻社會邪惡、呼籲文化救國，形諸一種知識分子獨有的憂樂情懷，自始

至終地流蕩在抒情散文、小品遊記、小說詩歌中，成為不屈的靈魂；或支撐著新聞特寫、時事評論與通訊報導，凜然動魄，懾人心神。無論是其相容作家藝術感、記者新聞感的文學創新，還是報告式的「白描」手法獨特，左右逢源，精益求精，在當時堪為亮點。也為我們接近他的文藝思想、新聞理念，產生了各種各樣的憧憬和期待。我們不難從《讀書與懷人》的讀書雜感、藝林小集與懷人憶舊中，清晰感知。

仔細翻讀，我們能不時在讀書筆記、文學雜談、前言後記的長篇短章裏，發現許君遠源於家學又後天勤奮的才情、學養。作為「京派」重要一員，許氏雖沒有名卷力作久遠傳播，但其對鄉土的回味，對社會的觀察，對文學的認識，對文學現狀、民國文壇、具體作家、優秀作品的評判，確是體現了一個有責任、有擔當、有思想的作家的清醒與勇敢。其評論王余杞長篇小說《沉浮》，在展開精要的人物、結構分析的同時，充分肯定優長之處，且挖掘出所存有的缺陷，並期待作者「在未來能有驚人的描寫」。

許君遠曾著文稱讚沈從文、趙望雲分別在文學、繪畫的內涵造詣，甚至將二人視為「中國藝術界的天才」，而沈、趙二人當時年紀不過而立，但後來的佳績卻證實了許氏與眾不同的眼光，一個把中國湘西寫進了世界視野，一個開創長安畫派聲名遠播。許君遠不論是談傳統戲曲、西洋話劇，還是論國畫改革、書畫聯展，或是聽衛仲樂的國樂演奏、新疆歌舞團的民族音樂，都能恰到好處說出其中的韻味同涵蘊來。

我喜歡他用心寫懷念、哀思與重溫師長、舊交及故地的真情文章，更感佩他對尊敬的人、回味的事，從不過分的溢美、菲薄，使人能覺察到不斷離其遠去而又那般親切的真情實感。他在同徐志摩

的交往中，在詩人的人格、靈魂與文字中，看到了美的充裕和高調。他對蔡元培時代北大學術自由、思想自由的寬宏大量，念念不忘。他憎恨汪兆銘對抗戰中上海報界的迫害，回憶報考北大的情景、北大女生和教授群，細說「糊了糊塗地進了新聞界」的抱負作為，更忘不了美國20萬僑胞的歡笑和淚滴。其中多篇，幫助了我們瞭解現代中國報刊史，窺探當時文壇報界的私隱，熟悉張季鸞、胡政之等老報人的風雨人生。正因為許氏有著如此真誠率直的個性，家人、學生、同事、老友，總在不同時期、不同地點，寫作出洋洋灑灑的追憶文字，評價他的文藝成就、新聞人生及精神品格。

眉睫雖年紀不大，但在探秘中國現代文學史上的缺席與盲區上，傾情不少，注力良多。他除了多方面查尋缺席者的佚篇殘篇外，還認真思考、理性研究他們失蹤的原因，同時還為他們撰述出頗有史學價值的年表，較為詳細地綜合傳主的生平事蹟、著述情況，以及用文字留存的喜怒哀樂、心路歷程，對我們認識、理解和研究廢名、許君遠們，提供了許多益處。尤其是其輯選許氏1949年後在非常時期寫作的文論、自傳，便利了我們辨識與反思其被特定缺席的真相。讀到這些，我們將會在《讀書與懷人》的背後，隱約可以發現更多的現代中國文化史、思想史上的陌生者，留在歷史中的精彩、榮耀和遺憾，還有很多夾雜蒼涼與感傷的苦痛掙扎。眉睫們的努力與堅持，也會使許多的缺席者，終究回到讀者的閱讀與思考中來，而不讓我們再漠視與淡忘，永久地失蹤，成為歷史的意外與偶然。

（原載《新京報》2010年8月21日）

被遺忘的雙語作家

　　熊式一對於中國內地讀者來說，是完全陌生的。大家都不知道他二十多歲時，便在《小說月報》、《新月》等新文學雜誌上翻譯英國大劇作家蕭伯納等的作品，得到了鄭振鐸等文化大家的肯定。徐志摩推崇其移譯的巴蕾《難母難女》，稱讚為「對英美近代戲劇，很有造就」。陳寅恪獲其長篇小說《天橋》後，感歎不已，題贈二絕句與一首七律，其一云「海外林熊各擅場，盧前王后費評量。北都舊俗非吾識，愛聽天橋話故鄉」，將熊式一比作唐初楊炯，同林語堂在英語世界的影響相提並論，且直言自己不識林氏經典《京華煙雲》，而偏愛熊著《天橋》。

　　能如此榮膺文學、史學名宿讚譽，完全由於熊式一作為 20 世紀中國屈指可數的雙語作家，在中英文學交流與創作上的斐然成就所致。然而，在中國現代文學史上，他是一個似乎失蹤了的缺席者。如今我們可以通過文學史家陳子善推薦的熊氏回憶文學《八十回憶》（海豚出版社 2010 年 10 月版）中，獲悉些許關於他的人生軌跡與創作歷程。

　　熊式一 1902 年出生於江西南昌，筆名熊適逸，早年畢業於北京高等師範英文科，終其一生在戲劇翻譯與創作上求索耕耘，著譯有獨幕喜劇《財神》、《可敬的克萊登》和《我們上太太們那兒去嗎？》等。其創作並導演的英文話劇《王寶川》，在倫敦連演三年九百多場讓英國人耳熟能詳，於紐約百老匯上演後即刻引發美國劇壇轟動效應。其

《天橋》推出後，被英國大文豪 H・G・威爾斯譽為「描述一個大國家的革命過程」，「是一幅完整的、動人心弦的、呼之欲出的畫圖」，後有法、德、西班牙、瑞典、捷克、荷蘭等多種文字再版，暢銷歐美。

這些資訊，若非陳子善從香港舊書攤上尋得熊氏著作中文版，將《香港文學》1986 年 7–10 月連續四期刊載的熊氏「八十回憶」系列文章引入中國內地，我們自會淡忘甚至遺忘這一位曾譽滿歐美的文化先賢。遺憾的是，這一並非長卷巨制的回憶錄，因其 1991 年辭世，只留有《代溝與人瑞》、《初習英文》、《出國鍍金去，寫〈王寶川〉》和《談談蕭伯納》四篇。

早慧的熊式一，11 歲便開始填詞、賦詩、作文和刻圖章，善於向名士宿賢求教。由於年輕虔誠，上進奮發，深得長輩們喜愛看好。一次，他赴本地一老先生府第拜訪，門役萬分驚詫，這個稚氣孩童，原是應已四世同堂的老太爺約請而來。在京滬二地，熊氏常與林紓、張元濟、黃炎培等一大批長其二三十歲甚至更多的人往來交流；在英國倫敦，給予熊氏很多幫助和指教的蕭伯納、威爾斯、巴蕾等，幾乎都大他三十歲。他們之間，不問年齡，以文會友，真誠相處。我想，如若有今日時髦者們愛掛在嘴邊的「代溝」二字存在和作祟，熊氏斷然不會有後來的成績，也不可能在晚年同曾為孫中山促成第二次婚姻的鄭卓相識相知。

年屆八十的熊式一同 102 歲的鄭卓交往，既感歎鄭公南人北相且敏捷雄健的身影，又欽敬其因早年一次小謊而芥蒂終身的胸懷。孫中山欲同宋慶齡結成姻緣，讓孫科帶一封言辭懇切的家書，回老家爭取原配盧夫人應允離婚。孫科不敢違背父命，又害怕得罪母親，只能同鄭卓前往。當盧氏問及宋慶齡「長得美嗎」，鄭氏一句「宋小姐，是在外國讀洋書的人，相貌長得並不好看」，讓盧氏自知遜色又

心存慰藉，同意孫氏所請。宋氏早年赴美留學，卻生得文雅從容，莊重大方。鄭氏自覺背了一次良心，但在熊氏看來，鄭是一位通權達變之士，值得尊敬。

受辛亥革命影響，維新潮流推動國人尋求新知識，學習外國語，似乎成了一種時髦。熊式一初學英語，感覺字母沒有方塊漢字有意思，但時間久了，念得多了，發現別有韻味。此時一位表姐夫笑話他依依呀呀，說自己唯讀英文的《西廂記》、《紅樓夢》與《聊齋志異》，激發他在佩服中產生了許多學好英文的興趣和期待。他深入進去，到了後來，卻發現那個新親戚杜撰矜誇，除《聊齋志異》有屬實的可能外，第一本《西廂記》英文版為熊氏首譯於 1934 年在倫敦問世，第一版英文全譯本《紅樓夢》為其學生霍克斯 1973 年才譯出第一冊。這樣的事例，雖然有些可笑，但對那些望文生義、海聊神侃，試圖打著知識淵博、學養高深的幌子的欺世盜名者們，不啻於一個自欺欺人的警示和勸誡。

當然，熊式一該感激那個浮誇長者的激勵，不然的話，他也許只能待在國內做一個詩文家、填詞人或金石學者，很難有諸多翻譯佳作流傳，更不會在年不屆而立時，被武漢大學文學院院長陳源登門造訪，欲聘為專教歐美近代戲劇的正教授。但是，機遇不得，他沒有留過學，不是海歸派，雖有許多學問，能寫出連「英國人絕對寫不出這樣好」的文字，但當時教育部的條文陳規，中傷和刺激了他的自尊。他一氣之下，離妻別子，遠渡英倫三島。是時，他已在北京、上海、南昌各地大專學院教書多年，已有了賢慧恩愛的妻子和五個可愛的孩子。

熊式一來初到倫敦大學後，不為英文系教授所滿意，後遇莎士比亞權威聶可爾，聽從其建議改修中國戲劇。他在聶氏夫婦的教誨

和激勵下，一邊準備博士論文，一邊從事戲劇翻譯與創作。期間，胡適曾托熊夫人帶話，勸阻熊氏「千萬不可以」把文章「給英國人看」，免於「冒冒失失的寫英文丟醜」。然而，他以倫敦各大劇院的觀眾，作為「最得力的導師」，嘗試改編中國傳統舊劇中的王寶釧故事，創作成英文話劇《王寶川》。最初不為名演員看好，遭受了冷語譏諷，但通過朋友關係由英國麥勳書局於 1934 年夏出版後，深得讀者歡迎，銷路極好。同年冬，熊氏把《王寶川》搬上舞台，久演不衰，不論貴族還是平民，乃至文學巨匠，很受震撼，一洗平日對中國落後的印象。就連很嚴格、愛罵人的批評大腕匹理斯萊，也破例在劇本出版的序言中，盛情褒獎，妙語讚譽。有趣的是，《王寶川》之所以能在當時包括皮南德羅、蕭伯納、高斯華綏三位諾貝爾文學獎得主的新劇接連失利的情勢下，脫穎而出，贏得觀眾好評，除了受聶可爾、亞柏康貝等人鼓舞外，替其打字的約翰蓀太太、愛亂叫人的道生斯葛太太的欣賞，也是熊氏堅信自己、不懈努力、走近成功的一個重要原因。

熊氏在歐美一劇成名，不用再擔心被國內名校拒絕。在他載譽歸國不久，與宋慶齡、郭沫若一同被推舉為上海「文人戰地工作團」主席團成員，又肩負宣傳抗日的使命重返倫敦。他創作了英文話劇《大學教授》（1939）、長篇小說《天橋》（1943），充分展示了創作才華，以及向西方世界宣傳中華文化、家國苦難的理想與努力。當我讀到書後所附《〈天橋〉中文版序》與《〈大學教授〉中文版序跋》時，對於他創作的肇始、經歷、思想、情感與出版流變、狀況，油然有所啟發，有所感悟，有所認識和理解。

此書同名為「八十回憶」，只是熊氏人生中的幾個片斷、幾點追憶，不同於其他回憶錄的宏大鋪敘、多方涉及，但為我們大致點染

了他與眾不同的為中英文化交流不遺餘力的主要軌跡。其中，他不吝筆墨地速寫蕭伯納訪問中國的趣聞、在劇場不看戲而看觀戲人的反向做法，勾畫他的機智詼諧、哲學思想，以及同他親密交往的好些情景、感懷、喜悅和崇敬，都很有意味。熊式一後來沒有返回中國內地，留在劍橋大學講授元曲，又赴新加坡華僑們籌建的南洋大學執掌文學院，1955 年到香港創辦清華學院。著譯作品亦在香港陸續推出中文版。

並非特意的選擇，使他沒有遭受建國後種種運動、「革命」的凌辱誣衊，沒有機會儡服於紅衛兵的淫威而墮落喪身，避免了知識分子斯文掃地、人格淪失的尷尬，令其也令人慶幸。那些受特殊思想激勵的狂熱者們忽視了他的存在，就連許多現代文學讀者和研究者也淡忘了他在中英文化交流史，尤其是近代戲劇史上的許多作為。他作為 20 世紀二三十年代將英國劇作引進中國、三四十年代向歐美讀者介紹中國文化的優秀傳播者、創造者，應該在中國現代文學史上，享有屬於他的位置和篇章，然而這一切幾乎是一個空白，留給了後人與歷史不少感傷和蒼涼。2006 年商務印書館曾印行《王寶川》中英文對照本，但書市坊間罕見，再無其他文字源於熊式一。我們在網路上搜尋他的名字，也很難找到具體的生平資料。讓人欣喜的是，《八十回憶》的結集在中國內地出版，將會為人們知道、感受和深度認識熊式一其人、其事及其文字，有一個鮮明的指引和提示。

（原載《晶報》2010 年 12 月 26 日）

誰在回憶八十年代那輩傑出的詩人

　　工業社會高速發展，生活品質明顯提高，對於大眾而言，有了一個可談幸福指數的基點。但看當前文化內容，大多處於速食製造的層面，嚴重缺失知識含量、藝術價值與歷史責任。就在詩歌方面，口水詩，官員詩，娛樂詩……各種各樣的貌似有趣實則淺薄的詩體，借助性愛、意淫、快感之類刺激性詞彙，結篇斷句，屢見不鮮，層出不窮。連一個官員寫出的、以激情燃燒諂媚的羊羔體，都能摘取最高處的魯迅文學獎。這，讓原本愛詩偶爾寫詩的我失望了。我採取了遠離詩，告別詩。初聞「一個人的詩歌史」，以為劉春應邀為某位詩家撰寫個體評傳，疑有不少崇敬、頌揚或揶揄的色彩，也就沒有在意。

　　數月後，在書店展台，見到換了新書衣、大開本的《一個人的詩歌史》，平鋪兩部，第一部是我先前所見的增訂本，不由疑惑、驚異和好感。這樣題材的書，能在短期內修訂重印，新版續出，足見有獨特迷人、與眾不同的魅力和精彩，不然，在速食文化流行、電子書興盛而紙質書成為休閒品的情勢下，決不會為它留有長存的機會和空間。我所知的劉春，雖有詩人、評論家和報紙編輯多重身份護體，但沒有高官、巨賈、明星一類的光彩庇佑。他的書，只能依靠其中的內涵、品位和獨到了。

　　當我翻讀《一個人的詩歌史》第二部（廣西師範大學出版社2010年12月版），被吸引住了，幾乎斟字酌句地把它讀完，讀劉春的清

明精到、雋永歡暢，讀他評說的五位詩人柏樺、王家新、韓東、張棗、黃燦然對詩歌的熱愛和忠誠，激情和夢想。他結合柏樺們的詩歌、隨筆以及人生經歷，形諸相容文學評論、人物傳記和新聞報導的漫談形式，品讀他們的詩人靈感，悟讀他們的作家才情，研讀他們的學者性格，讀他們的熱烈如灼、剔透如脂，也讀他們那蒼勁有力的務實翅膀，滑過傳統文化和現代中國激蕩的每一道帶著火花的軌跡。

在此，我不想細談柏樺們的詩歌藝術。他們的成就載入了文學史冊與讀者內心。劉春用洋洋灑灑的文字，都作了較充分的剖析和爬梳。不論是與海子一起被公認為中國最優秀的抒情詩人的柏樺，還是後朦朧詩派的代表人物之一的王家新，或者是「第三代」詩人的突出代表韓東，以及存詩不多、修改不少而佳作連篇的張棗，寫詩出彩、譯詩創新的黃燦然，都被劉春發掘出許多詩歌背後的亮點。他思考詩人們的人生、文字、思想和理想，不無推崇和虔誠，對他們各自不同的人生經歷、情感嬗變與藝術選擇，也進行了深入淺出、耐人回味的分解和論述。

柏樺們都是上世紀五六十年代出生，從特殊時代走過來的詩人。「文革」對人與社會、自然與世界的折磨、損害、侮辱和侵蝕，都在他們的心靈中、詩歌裏留有不可磨滅的印記。他們無法遺忘畸形時代對人性的摧殘，期待在人格上、思想上和精神上，保持一個時代詩人、知識分子特有的獨立和尊嚴。柏樺追記了十歲時當紅小兵，搶別人軍帽的情景。王家新無法忘記讀一本《一千零一夜》，被校長搶去，而在其子手上出現的無可奈何。韓東隨父母下放農村，溫暖的父子關係、家庭情感，使他的童年記憶抵制住外力的脅迫和破壞。張棗的多位長輩，不是右派，就是外放，幸好外婆一邊帶養

他，一邊給他講杜甫和白居易。雖然黃燦然的家庭沒有被意識形態衝擊，但多個家人奔赴香港務工，使他 15 歲移居彼岸，成為了製衣廠工人。這樣的生活經歷、生存狀態，為他們後來用精神寫作、以思想為靈魂，提供了不可多得的滋養。

他們寫所見所聞，所思所想，執著地寫堅持思考、期待和憧憬的人生感悟，以及不斷超越時代精神、突破歷史迷霧，尋找自由、和諧的心靈慰藉，也為劉春綜合闡釋他們特立獨行的姿態和風采，展示現代詩歌的總體性和無限性，預設了許多真實的資料和真正的意義。他除長期追蹤、尋讀詩人們的舊什新作，與之電話交流、郵件往來、書信溝通，展開面對面的對話，認識到詩人們的優長特色、文學地位與人性品德。他中肯地對所不認同的詩歌，表達了理據充分、使人信服的理解。他讚歎張棗敢用平實而樸素的文字描寫父親私處的開拓，又冷靜指出其寫祖母墓誌銘娓娓道來的乏味和拖逯。逝者已遠，遺篇猶溫，劉春慧眼獨照張棗的詩性靈魂，又感傷張氏脆若琉璃的生命，在質樸的文字和謹嚴的思路中，對接不老的才思與不悔的精魂，為我們重讀張氏《何人斯》、《燈芯絨幸福的舞蹈》一系列名章，增添了一串既具歷史生命感、又有時代色彩的透明文字。他推重、關注張棗，在聞到噩耗後，第一時間向遠方詩友求證，又向外地知交傳遞哀訊。他們雖未曾相識，但神交依舊。在他心裏，張棗是一個既流蕩詩人激情的、又張揚學者理性的凡夫俗子，已用「梅花便落了下來」的畫面，將「只要想起一生中後悔的事」，演繹成了一種不朽的方法。

詩人不可避免時世的煎熬和思想的折磨。顧城、海子等人的自殺，留給讀者無限的哀歎和惋惜，憂傷與懷念。但活著的人，在風雨人生路上，狂喜過後，苦悶，彷徨，掙扎……柏樺轉易多地工作，

甚至長時間遠離詩，做槍手拼湊暢銷書的活計。韓東在近些年來，寫出小說一本接一本，還掀起震動文壇的「斷裂」行動，批判《讀書》、《收穫》和茅獎、魯獎等，引發各方面強烈的爭議和抵制。

　　劉春以史家的目光來仰望和審視值得尊敬的詩人，在理性的視域中行走詩化的彩筆，寫他們的光榮、夢想、愛情和婚姻，也涉及他們少為人知的交流、友情和爭議。他不是曝私揭秘，而是方便讀者更好地瞭解、熟悉可愛的詩人群體。北島曾對王家新迻譯詩歌，多有批評，時常流露自己為某某大師的朋友、與大師並肩而坐的傲慢，引發王氏不滿與譏諷。王氏始終保持謙遜的姿態，主動置身讀者和學習者的立場，體現了崇高與理性。劉春敬重北島，但對其盛氣凌人的指摘，隨筆流於文人軼事、羅曼史的鋪陳繁冗，脫離母語環境而未能寫出許多深意，甚為遺憾。韓東與於堅，以詩相識，因詩而爭，但在「求異存同」的曲折歷程中，相交、相知、分歧和後來的逐漸理解，成為了一段佳話。

　　詩人很難成為暢銷書作家，這是他們特殊的性格、敏感、思想和文字決定的。即便有不少詩歌膾炙人口，耳熟能詳，但只能維持他們的精神、生存和工作，一直艱難地處在邊緣狀態。當年才華能與顧城媲美的張棗，考上研究生且帶薪讀書，卻沒能防止深愛的女友投入商人的懷抱。但，詩人們堅定的選擇與堅守，創造與傳承，影響了1978 年以來嶄新復活的中國自由詩的存在和成長。他們中間，部分減少寫作，部分幾乎淡出，或提前終止生命，然始終是中國詩歌流傳久遠的依託。在他們的詩歌中，寫的是新時代的生活和命運，反思和超越，鍾情和戀愛，從中帶給我們一種強勁而蓬勃的力量。

　　劉春長期集中精力勾勒當代中國詩人群英譜，反映他們身處逆境的獨立和崛起，揭示他們種種遭遇後的清醒和振奮，不避艱辛，

多方搜羅，認真結構，用《一個人的詩歌史》第一部、第二部，為我們重溫北島、顧城、海子、柏樺、王家新等一系列傑出詩人的文字、思想、命運和榮耀，鋪設了一個清晰而新穎的途徑和場景。我期待他靈動筆下的第三部、第四部……給我讀更多詩人的溫柔和慰藉，讓我洞察詩界的蒼涼和悲傷。我也從他文字和思緒中，看到一個能堅持用史家胸臆，勾畫詩人風采的真誠、謹慎、激情與夢想。正是如此，我們才能從劉春堅持性靈飄逸、智勇並茂的創造性品格中，精煉感性的發現與理性的辨析、當下的臨場感與久遠的穿透力、文化的歷史煙雲與個體的生命感悟等，感受獨特的文化心態拾遺不同於民間的軼趣、格調、絢麗，以及現代文明歷程中詩性的不完全泯滅，從而發現更多的關於每一個時代的中國人的詩歌史。

（原載《中國圖書商報》2011 年 2 月 22 日）

追憶舊事的歡欣和痛苦

　　夢旅他鄉異地，遊子總會對故地、舊事，有著或多或少的遠近回憶。曾努力用詩刺穿烏托邦虛偽、呈現世界本來面目的朦朧詩派代表人物之一的北島，也不能例外。他在闊別北京十三年後，回到故鄉，雖有重返舊地、再溫故人的喜悅和激動，但翻覆的變化，強烈的悸動，早已將記憶的一切，掩埋、銷蝕得幾乎一無所有。他只能勉強地用文字，重建遙遠的北京印象，追憶和悼念熟悉的四合院、老胡同和舊寺廟，屏住呼吸辨識消失殆盡的氣味、聲音同光線。

　　他找不到瓦頂排浪般的天際線了，聽不清響徹藍天的陣陣鴿哨了，只能憑著依稀的回憶，走在陌生的城市高樓大廈之間，尋找他的北京，尋找遠去的童年和青少年。當然，他更多的是帶著許多朦朧的憧憬和期待，用流利而素樸的隨筆式語言，對接《城門開》（生活・讀書・新知三聯書店 2010 年 9 月版）後的歡欣同懵懂。

　　北島記憶的北京，還未歷經改革開放的洗禮，雖然已為新中國的首都，但百廢待興的當時，許多百姓家裏，只能依靠全家一間屋一盞燈、家長實行「燈火管制」，半黑暗狀態中黯然生活。即便是普通官員家裏，兩居室，三盞燈，加起來也不過十四瓦。如今想來，也許很多年輕人兒還不敢想像，但在那時，如若同時亮起這些瓦數不多、亮度不大的日光燈，確是有些豪奢。在歷經過那般生活的人們的記憶中，主要街道上，現代化集束路燈初亮，就似乎提前進入了共產主義。再後來，就連北京城也經常停電，人們只能簇聚微弱

的蠟燭光、煤油燈下，看書，讀報，寫字，做活，談些不能奢望過多的事情。

北京人那時候的日子，依然是清苦的，平靜的。臨近冬天，大夥便會挑上籮筐、提起袋子、排著長隊，在各副食店門前臨時菜站，等待著，瑟縮著，準備買幾百斤大白菜回家過冬。時間久了，天氣冷了，堆放在窗沿下、房門邊、過道上、陽台裏的白菜，乾枯了，變質了，散發著黴味，但人們還是堅強地樂活著。他們聞著、嘗著白菜黴味、煤煙氣味、灰塵澀味和水腥甘草味，盼望著春天的到來。在饑餓面前，大家的嗅覺和味覺，都是苦澀的。無奈的北島，無法擺脫饑神餓鬼的侵蝕同捉弄，除了在舌尖上點魚肝油外，還在家裏翻箱倒櫃，偷吃養在魚缸的小球藻、父母配發的卵磷脂，及鈣片、枸杞、榨菜、黃醬、海米、大蔥……最後開始吞食大量的味精。當時，能舔一下大白兔糖果，摘一個小酸梨，花五分錢買兩根處理冰棍，就是一種幸福，一種滿足。作者的母親，雖是一位醫生，但一次因餓得不行，在飯館買了一碗湯喝，回家後，竟然想到是躲著愛人、孩子自私了一回，內疚了許久。

太多的艱難，無數的困苦，是北島如今抹不盡、說不完的回味。而其同時，又有不少鍾情、難忘的快樂事情，一直留存在內心深處。

他經常同小夥伴們，或獨自一人，走街串巷，去尋找老北京城裏的趣事：或花兩分錢買幾塊桂皮用手絹包好，在課堂上不時舔一下；或用三分錢買一片臭豆腐，生怕被可敬的保姆發現；或去父親單位的乒乓球室大戰一回後，爬上梨樹而遭遇「洋辣子」偷襲；或編好鐵絲罩、騰出小鹽罐，步行數里跑到荒郊野外城根墳地捉蛐蛐；或幫一個平板三輪車師傅奮力推車後，還用全部的零花錢給對方買了四個火燒；或循著八個垃圾桶探取人家捐棄的幾十個菜根頭，拿

回家讓母親煮熟後食用……這些使人觸動、讓人感染的舊事，都留在了他數十年後不能忘卻的記憶裏。雖然帶有很多酸辛和無可奈何，但也是一種對過往溫馨回憶的印記。

北島身上的孩子性格，是典型的。在三年困難時期，父親每月從享受特供待遇的大姑父那裏弄來兩條高級煙，他熱烈地期待著父親早些抽完，等待著用「中華」或「牡丹」煙盒子，疊起三角，在男孩的遊戲中，進行品級頗高的資格賽。同時，他又是一個早熟品種，除了長時間暗戀一位表姐外，還不時跑進游泳池，趴在水泥地上，頭枕胳膊假寐，偷窺穿著裸露而富於優美曲線的女孩。哪怕偶爾無意碰著陌生女孩的胸部、大腿，也會產生一次觸電的神秘感覺。有時會引來「德行，臭流氓」的陰性惡語，然他仍拼盡全力練習游泳技術，試圖用大搖大擺進入低溫深水池的方式，贏得心儀的表姐、陌生的女子們的注視同讚歎。

這一切，都是懵懂而真實的人性表現，在北島的靈魂深處，盡顯著仁善和苦痛。

他曾養過兩隻兔子，精心照料，滿是歡欣，但也留下了不少遺憾和愧疚。母兔第一次懷孕生產後，他因好奇和好意，和弟弟妹妹將兔崽取出輕輕撫摸，怎知在將小兔放回時，被母兔拒之門外。最後，五隻兔崽死了，無論北島兄妹如何痛苦哀傷，母兔卻若無其事。在母兔第二次生育後，倖存了兩隻兔崽，但時值特困時期，糧食供應減少，外有蘇聯人加緊逼債，人們的生存成了嚴峻問題，冬儲的白菜餵養兔子也不夠。父親決定殺兔果腹。北島兄弟竟然絕食抗議，但最終還是未能保全兔子一家。他再一次哭了。

北島的文字和思緒，沒有停留在家庭瑣事、日常生活上，對自己小學、初中、高中的漫長歲月，也作了許多有趣的剪影，對於我

們瞭解他獨特的讀書人生、知識積累與心路歷程，有著最充分、最可靠的史料價值。讀小學時，學校曾有一對日本歸僑兄弟，身高體健，乒乓球技超群，雖毫無城府，卻能在當時頑皮學生隱權力禍及學校的時候，給了他一定的安全感。上初中時，數學、俄文等科目，帶來了不少困難，使年紀輕輕的小北島開始忌恨考試。而在北京四中讀高中期間，正遇特殊年代各種各樣的瘋狂運動，接踵而至。他為考試的停止而感到惶恐慶幸，但在身歷目睹思想激進分子們的惡性批鬥、狂熱造反、盲目革命和全國大串聯的紛紜變化中，流離顛沛，迷惘哀傷，品味了「一時多少離愁別緒」。

輾轉在北島記憶同思緒中的北京舊聞、親朋往事，被他寫出了許多慴人心魂、令人心熱的歷史真實，同時夾雜了不少俗味、野氣和邪趣，使有過類似生存體驗的人回想起來，自是哀婉當時落寞無助的瑣碎無題。那幾塊木板釘就的傢俱，那高雅而昂貴的老唱片，那多戶人家擠在一個小院子裏的情景，那放著《野火春風斗古城》、《51 號兵站》的老電影院，那「革命人永遠年輕，他好比大松樹冬夏常青，他不怕風吹雨打，他不怕天寒地凍」的歌聲，將永遠留在北島那一代人的記憶中。同時，也讓我們在接近《城門開》的那一瞬間，看到一段破碎的往事、艱苦的歷史，以及一個個掙扎的靈魂、頑強的生命。如今時過境遷，人不我待，北島雖沒有見到舊識的千千總總，卻也許在感傷而蒼涼的體味中，發現了更多的親切和欣慰。

（原載《新聞晨報》2010 年 11 月 14 日）

香港歌詞史上的精彩

　　走在大街小巷，或側身華堂民居，總能聽到幾句一串時尚的流行歌曲聲腔。其中，有身著時髦色彩的青年男女，有輕歌慢哼解悶去乏的長輩……有趣又讓人啼笑皆非的是，剛過牙牙學語年齡的小傢伙們，也像模像樣地學著大人，唱起了還不屬於他們的成人歌曲。

　　我姑且不論這些香港歌曲是否適宜可愛的孩子們演唱。也許他們還主要是迷戀於劉德華、張學友、譚詠麟、林憶蓮、陳奕迅一類的歌星。他們決然不會去理會寫作者們。我半自發地開始關注港產歌曲，試圖發現其特殊的魅力和韻味。黃霑、林夕等一系列的名字，陸續出現在我的視閾中。我想瞭解這些接連不斷的香港歌曲（主要是粵語歌曲和華語歌曲），以及詞人們的思想、堅持與選擇。

　　這些辛勤的詞人們，雖非先天的歌詞創作天才，卻積極在日常生活中仔細觀察，認真積累，厚積薄發，帶給了人們無窮無盡的喜悅與期待。他們往往會選擇最平常的意象作為表達的動情點，由小見大，從微見著，使長短不過百字左右的歌詞，表現出許多鮮活題材，或不同鮮明主題。多年來，香港學者黃志華、朱耀偉、梁偉詩立於全球化、時代化的文化背景中，洞察香港詞壇嬗變，考量流行音樂走向，從史學梳理、美學分析的角度，對近 40 年來四代 16 位代表人物，進行了深入淺出的訪談與解讀，展現了當代香港《詞家有道》（廣西師範大學出版社 2010 年 10 月版）的精彩。

　　書中的文字，可以說是香港詞話的集體表達，更是粵語流行歌詞創作的經典口述史。雖然黃霑、林振強兩位殿堂級詞家已故缺席，引為遺憾，但應三位訪談者分別邀請，激情應答、睿智出語的詞人們，依然代表著香港詞壇不同時期的風采。諸如成名於上世紀 70 年代的鄭國江、盧國沾，80 年代的林夕、周耀輝，90 年代的黃偉文、喬靖夫及世紀初的林若寧、周博賢等，充分圍繞創作本身作了一次回顧和解說，並針對當下流行歌詞創作、粵語歌曲前景，以及音樂工廠、文化產業發展，發出了獨特而確切的斷語同憂思。

　　他們大多非歌詞專業科班出身，而是從業餘創作開始的。一番努力，幾經輾轉，他們相繼成為了香港音樂事業的中堅力量。作為粵語流行曲振興後的第一代填詞人精英的黎彼得，早年隨寡母賣報為生，後轉為私家車司機，緣於一次參加星島日報徵文獲獎，便有了投稿寫專欄的極大興致。他自小在戲班長大，長期受粵劇薰染，後專以香港地道的廣州話寫詞，抒寫熟悉的底層生活，反映社會的種種現狀，突破寒磣失戀歌的舊傳統，追求通俗親切、生動有趣且震撼偽飾、針砭時弊的境界，寫出了《財神到》、《打雀英雄傳》等一系列好歌，贏得了「鬼馬詞人」的美譽。

　　曾於以一曲《奧運北京》，斬獲 2008 年北京奧運宣傳活動主題曲桂冠的向雪懷，從業流行音樂二十餘載，不斷調整創作生涯中的不同狀態，實現不同的藝術取向。他敢於從《午夜麗人》對客人的一笑一顰中表達各個人物心情、勇於使用直指香豔生活的諸多禁字暴露世態，為流行音樂史生發出了一個時代的光芒。即便在夕爺、阿 Y 支撐整個填詞市場時，他也是特立獨行，表達自己的思想情感，尋求人生的藝術夢想。他可以將富於強烈小資情感的歌詞寫出熟悉

的風味，也能超越國界將融會民族情誼、國際友誼的內涵，寫入彌久珍貴的好詞兒中。

作為後九七的詞曲創作人，李峻一從加拿大潛修音樂歸來後，一邊在澳門演藝學院兼任導師，一邊投身香港的音樂創作事業。他用字簡單，清新通俗，簡潔感人，又不時從傳統小說、古典詩詞、外國作品汲取營養，一直堅守著創作多元化狀態。他在流行歌詞新詩化同通俗化相容中創新出彩，實現突破成長、銳意轉型，年紀輕輕，卻有一種崇尚仁義的武俠精神，懷抱於胸，而非簡單地將傳統武俠主題圈定在行俠仗義、武功高強、浪子英雄、美女投懷送抱的層面。

林夕與黃偉文，是當代香港流行音樂的代名詞。一個專攻歌詞詩文，已連續 13 次獲得叱咤樂壇流行榜叱咤填詞人大獎；一個集詞人、電台及電視節目主持、演員、時裝設計師、專欄作家於一身，且在詞壇獲獎無數。他們用實例和實力，影響和注腳著屬於他們的時代。林夕曾研究九葉詩派寫出碩士論文，但在後來的創作中，並沒有過多地受九葉詩派影響，而是將不同語言風格的東西方文化熔冶一爐，讓流行歌詞綿裏藏針，走出了自己的路，使無論是情歌、勵志歌還是其他體裁的作品，都能長久地得到聽眾叫好叫座，而無愧於王菲的御用詞人、香港詞神一類的殊榮。多面手黃偉文，雖較之於林氏，屬後起之秀，他在歌詞中傾注且歷練真情實感、奇思妙想和求新出彩的功夫，成就了他的不可被取代性。哪怕是曾有作品富有爭議，或是寫作口語歌卻淡化節奏感，或者是屢獲大獎後一度減產，但他欣然與林先輩互作對方的電兔。他們兩人在香港「詞壇正處於青黃不接之期」，寫出了「香港六百萬人的心聲」。

被黃志華們逐一採訪的優秀詞人，還有 2004 年開始發展中國本土動漫《喜羊羊和灰太狼》的盧永強、因版權問題而不能將替梅豔

芳創作的《抱緊眼前人》收進專集的潘源良、給唐滌生寫十個「服」字的周禮茂、寫詞從不考慮文學性的劉卓輝，以及「香港詞壇四小公主」之一的張美賢。他們從創作感悟、閱讀感知與生活感受出發，談得頭頭是道。雖然在歌詞與文學性關係上各有見解，但他們帶有強烈音樂性的文字，不論是寫情欲、暴力、人生、時事之類題材，還是形諸通俗、婉約、酷異、豪俠等風格，或者探索語體化、口語化、規整化、散文化等形式，都能較好與不同文化、社會、歷史、經濟等聯繫一起。他們的詞，多是生活與哲理的相容、自然同淳樸的結合，很少有口號、概念、血腥、虛幻的影子。

詞人們用心寫詞，以愛係詞，有道而為，憂樂論道。他們有過對廝守倚聲填詞傳統致使因曲害詞、創作斷層的憂慮，有過對追求「中國風」而有形無神、片面復古的質疑，然而，無論是成曲後精心填詞，還是為歌手定身寫詞，他們的詞兒，都是切身觸目的見聞感思。他們所到之處、所聞之事，皆有感悟，粗看平凡瑣碎的事物，經幾句歌詞就被言簡意賅地概括，使平淡無奇的生活現象，發掘出蘊藏的豐富內容和淡雅風格，其中既有人生的品味，又有生活的情趣。他們把現實生活、真實情愛，寫進充滿親切而美麗的字裏行間與心路歷程，營造起一個近乎完美但異常舒適的情感驛站，靈活地借助富於律動美和文字美的音樂情思，滿足置身於這個悲劇世界中需要撫慰、激勵和宣洩的廣大聽眾的心理渴求，哪怕是帶有濃濃又淡淡的憂傷。

對歌詞同樣滿懷深情、不乏癡情的黃志華們，更是在不擬設特定研究目標的背景中，訪談這些熱愛生活、認真體悟的詞人，誘引他們輕鬆而談、傾情而論，使之就華語歌曲的藝術性與思想性進行漫談，探索優美和壯美共浸的美學追求、清雅同通俗寓含的審美趣

味，解析真情與哲思同生的價值取向、莊重同諧趣融會的思想架構，讓不厚而不薄且帶有創作雋語、人生和代表作的《詞家有道》，為我們悅讀他們對粵語流行曲事業的鍾情、戀愛同歡欣，感受當代香港歌詞史上的精神和氣質，提供了一個獨特的、精彩的、近距離的機會。這樣的機會，雖然那些激情學唱流行曲的豆蔻少年，暫且不會過多地細想，但，其中各種各樣的朦朧的懵懂和期待，已悄然留在我的記憶和思緒中，將慢慢地為我帶來溫柔和慰藉，以及漸漸銷蝕我茫然過後、迷惘之餘的感傷與蒼涼。

（原載《新京報》2010 年 11 月 27 日）

美國海外使領館變形記

　　一百多年來，美國在海外使領館建設上，屢經波折，頻受爭議。從最初外交官自己購買或租賃他國房屋，到國會制約國務院撥款建造館舍，再到由追求現代主義還是堅守傳統風格引發的矛盾，直至政府已花大量心思、財力和工夫，在世界各地紛紛重建不失大氣實用、又切合當地環境的現代化使領館，已慢慢成為了一道亮麗、神秘又傳奇的風景。

　　雖然使領館還不曾招引諸多遊客參觀，甚至常被人們無視、忽略，然其所設計的形狀特徵、代表的國家尊嚴，以及比鄰的人文環境、內涵的諸多神秘，確使我有過各種各樣的朦朧的好奇與想像。我原以為使領館，是所在國家為進駐使節安排的住處和辦公地點。當我接觸美國歷史景觀和建築學科專家簡・洛菲勒著述的《外交與建築：美國海外使領館建造實錄》（袁海濱譯，中國財政經濟出版社2010 年 8 月版）後，才清晰地看到美國外交建築史上的曲折歷程同時代背景，頓時有了一個全新而清醒的認識。

　　早期的美國派出使節，除少數居住在所出使國家饋贈的館舍中外，其他都需自置土地、自購房產。即便美國逐漸有著超級大國地位，且以強悍做派活躍在國際舞台，然而，哪怕是本傑明・佛蘭克林、約翰・亞當斯、湯瑪斯・傑弗遜這般著名的公眾人物就職海外，政府也不提供官邸和購置費用。他們不算太高的薪水，既要備日常交際、平常娛樂之用，又要支付秘書、翻譯及幫傭的工資，更要預

留相當大一部分供房租補貼之需。待到克里夫蘭主政時期，由於貿易的擴展、駐外傳教士的需要保護，才促使政府開始為駐外使節在遠東地區購買或租用官邸。雖克氏總統一再呼籲，需在重要國家的首都購置外交官邸，卻被國會不予接受。後經過十多年的努力，國會方通過法案，允許政府在海外購買土地並建造外交建築，但又設置了有很多條條框框的分配機制。

二戰後，在戰爭債務資助下，美國外交建築項目迅速成長，外交建築局不斷購買歷史房產，想方設法為未來購置土地。他們從建設外觀傳統的官邸使館，轉而設計出現代使館辦公樓。不斷進步的建築師們將自由思想引入建築，掀起了自由主義運動，激勵著美國藝術家的自由與獨創精神。國務院機構採買大量畫作，舉行巡展，推波助瀾。但這些試圖突破保守、消除乏味的作品與主張，遭到了國會強烈的反對。議員們紛紛抨擊充滿現代氣息的項目，而不論設計者在業界有怎樣的讚譽。他們以其同環境割裂、不能正確代表美國形象為由，對國務院推崇的現代主義大力譴責，從而，鮮明地展示出美國使領館建築歷程中，建築、政治和權力三者之間錯綜複雜的相互關係。國會的批評力量是巨大的，可以否決國務卿的建議，淡化建築業界的風格主潮。他們勒令國務院召回畫作、取消展示、解雇博物館館長，並拍賣作品，對那些優秀的作品予以了惡毒而淺薄的中傷，甚至在陣營意識形態明顯的特殊時期，貼上「破壞傳統藝術和價值觀的共產主義陰謀」之類的標籤。傑出設計家與外交建築局在渲染出征、又初戰而敗的情勢下，無可奈何地在競爭的同時進行了妥協。

由於沒有國會強有力的支持，第二任建築局局長利蘭‧金雖然獲得了 9000 萬美元的新授權，但還是被大選新任的國務院官員收緊

控制權，深陷政治迫害僵局，甚至背負了管理失職的罪名，最終不得不移交權力，黯淡出局。曾聲名熠熠、威權赫赫的利蘭‧金失敗了，而外交建築項目仍在擴張。在權力的更迭中，國會議員、國務院行政官員、白宮官員、外交官、個別大使（甚至大使夫人）、駐國政府領導人、建築師、當地規劃官員及國內國外的普通大眾，都將自己當成了專案的「業主」，紛紛自主地分配著政治與美學的力量。

美利堅自立國伊始，便以民主國家形象出現，而事實上，無論其用何種形式、哪般狀態，在使領館建造上體現民主、輸出民主，尋求他國支持和歡迎，卻都無法改變其中的欠缺和不足。20 世紀 50 年代，他們採取玻璃、鋼材和混凝土，建造融會有現代、開放與民主的強烈氣息的使領館，掀起鼎盛時期，然這樣的建築，不論傾注了規劃們多少的深意和智慧，但不切實際，不能經受政治格局變化與抗議活動、恐怖襲擊等諸多襲擾，自然會遭致納稅人的批評與國會監管委員會的質疑。他們極力期待使領館建設，向以安保為首要、以實用為根本的方面轉型。

簡‧洛菲勒以外交為背景點評建築，從建築的角度解讀外交，把美國外交建築史上種種權力博弈、財政爭取與風格選擇，一一作了較為詳細的闡釋。她將研究重心放在冷戰時期美國海外使領館建造史上，用大規模的建設活動與實例，平實而嚴謹地說明美國借助使領館這一特殊建築，展示對盟國的承諾，維護大國形象。

同時，她又對不同時期具有代表性意義的且風格不同、形態各異的建築，進行了深入淺出的論述，且回顧了使領館建設的外交風雲，還揭示了使領館建設淪為政治工具、國會議員借助外交建築專案牟取自己權益的不少劣跡，為廣大讀者勾畫出了外交與建築的自然相容和慘酷現實。書後所附的美國歷任外交建築局局長、顧問和

建築諮詢委員會小組主席名單、任期，1954年皮特羅‧貝魯斯基備忘錄上列出的建築師人選、後來委託的設計任務，以及美國政府建造的部分使館和其他外交建造，對於我們瞭解美國使領館建築史的細節與事件，提供了很大的指南性質的價值。

今時的美國海外使領館，擔負著特殊的強權外交使命與保護自我功能，大多固如城堡，又有強兵護衛，雖遠離國土，但又是其本國一項外交資產與一個對外的鮮明形象，與其本國的政治地位、主權尊嚴、歷史文化、經濟實力和外交政策有著密切關係。儘管經歷了多重政治角力，諸如國會冠冕堂皇而別有機心的猜忌、建築權力執行者的假公濟私，建築師為自身利益而遏制他人，使美國外交建設充滿了諸多崎嶇和精彩，但，簡‧洛菲勒仍然堅持用翔實的事例、縝密的研究以及流暢的語言、獨特的才識，使我們看清了真實的美國海外使領館建造道路中的變形記。譯者袁海濱，除有豐富的建築理論外，又具在中國駐美使館與常駐聯合國代表團的數年經歷，今日譯出簡‧洛菲勒關於使館建設與安防的優秀著作《外交與建築：美國海外使領館建造實錄》，自然是想向我們輸入許多原汁和真味，讓我們在國際化全新合作、資訊化空前靈捷的時代，探尋到雖為凝固但日益堅韌的使領館的秘密，且產生許多不斷延伸又並未變形的歡欣、期待和尊重。

（原載《新京報》2010年11月13日）

歷史原來可以這樣讀

　　雖說歷史不忍細讀，但其中的具體細節、本來面目、是非恩怨和驚心動魄，總能使人欲看個究竟。漫長的歲月，或長短不一、興衰各具的朝代，或以某事件、某人物為主題的時期，甚至一年、一月、一日，都可以讓擅長文字、記述事實、喜歡想像的學者作家，作一次精心點染、苦心經營、悅心長歌。也許是正史的筆墨，可能是野史的遊戲，或者是現代解讀的通俗載體，帶給讀者在親歷之外尋找各種各樣的認識、瞭解、想像和思考的機會。

　　單就歐洲史而言，應該由皇皇的長篇巨制來完成。就是一段歷史，也足夠人寫出厚厚的幾大本、數十卷。然在澳大利亞歷史學家約翰・赫斯特筆下，這些被濃縮在僅僅八章篇幅、不過十二萬字數的文本中，生動而精要地展示了 1800 年前的歐洲社會、文化、政治、經濟、宗教和種族的歷史。他試圖用這本充滿誘惑的《你一定愛讀的極簡歐洲史》（席玉萍譯，廣西師範大學出版社 2011 年 1 月版），發掘出很多關於歐洲爭搶第一的緣來和真實。

　　自東西方有了貿易往來後，中國的印刷術、造紙術、火藥、羅盤和運河的水閘等，都被貌似文明程度有些落後的歐洲引入、改進和發展，造成後來閉關自守的中國頻頻遭受西方列強的欺凌、侵佔和盤剝。即便一個面積、人口不抵中國某省規模的西歐小國，憑著數杆洋槍、幾千兵勇，便可在自稱天朝上國的中土耀武揚威，盛氣凌人。此中原因，不能說在歐洲發展的同時，中國停滯不前、沒有

進步，而應從深層次去發現古代歐洲對現代文明影響的實質、演變和根本。

早期歐洲同樣經歷了奴隸社會和封建社會，也不時爆發了奴隸與平民對宗主權貴的反抗。色雷斯人斯巴達克斯從角鬥場殺出，震撼了巴爾幹半島，革命導師稱其為「偉大的統帥，古代無產階級的真正代表」（馬克思語）、「最大一次奴隸起義的一位最傑出的英雄」（列寧語），但他的驍勇善戰、悲壯慘烈，只能給當時人們以短暫的驚醒，為後世苦難者遺留尋找幸福和自由的榜樣。伴隨著野蠻末路上的燦爛一瞬，留在人們的記憶中的，都是歷史車輪留下的淡淡印記：血腥、暴力、征服、驚悚、淚水、明槍冷箭……古希臘羅馬文化、基督教教義和日爾曼戰士文化，成了最主要的關鍵字。這些使赫斯特找到了剖析歐洲文明的基本元素。

赫斯特在前兩章勾勒了歐洲從古典時期到中世紀的漫長歷史與近代歐洲的主要變遷，簡要介紹了希臘哲學、藝術、文學、數學、科學、醫學及政治思想的輝煌，羅馬開疆拓土時對希臘風格的延續和繼承，耶穌基督對唯一神靈、絕對真理信奉而不懼強權的精神，日爾曼蠻族入侵羅馬後選擇了同原住民的雜居共處，以及日爾曼人支持基督教會保存古希臘羅馬學術，引發了 15 世紀的文藝復興、16 世紀的宗教改革、17 世紀的科學革命，及後來的啟蒙運動、浪漫主義運動，也成了影響和推動近代歐洲越發文明的真正巨力。

對文化的革新，對宗教的改良，對科技的創新，受到了宗法制勢力尤其是宗教集團的極力反對、圍剿和封殺。部分堅定的挑戰者如馬丁‧路德、布魯諾，絲毫不懼被污蔑為異教徒，甚至被處以接受火刑。他們義無反顧地反對封建神權統治，堅守對科學與真理的

信仰、戀愛、鍾情和歡欣。新與舊的掙扎、角力及不同選擇，使歐洲最終沒有走出分裂、撕扯和困惑的宿命。

赫斯特在後六章中，擇取族群的爭戰、民主的興起、王權與國會的較量、國王與教皇的爭權、語言的開枝散葉及平民的生活，作為主題，逐一論述。他寫浪漫主義對民族主義、文化感情、自由解放的崇尚，反映頑強思想者對理性、科學、進步的追求，不同的群體和理想，不同的選擇和堅持，促成了歐洲文明在矛盾、衝突中的迂迴發展。他探索歐洲文明影響世界的種種特質，著力描述古老文化、基督教義和騎士文化的彼此強化，仔細研究了它們之間對立的內因，引我入勝，觸摸到歐洲文明內核，感知了某些歷史人物性格上的豐滿與缺失，偉大與卑微。

蘇格拉底是古希臘哲人的代表，居住在倡行城邦政治的雅典，和門人柏拉圖們經常抨擊、批判民主制度。他得罪了當權者，被強加藐視神明、腐蝕年輕人道德的罪名。他有機會減輕、逃脫罪行，卻不向強權低頭屈膝、不願由學生繳納罰金而改刑，甚至拒絕了可以晚點死的機會。他為堅持質疑、真理、心靈、道德而死，為一生充滿哲學思辨而死，帶著和真理與生命天人合一的喜悅，將毒芹汁一飲而盡，死得很堅定和憤激，迷茫和期待，當然也會有說不盡的倔強、疑惑和迂腐。我們在後來譚嗣同獻身維新的事實中，隱約可以看到這位異國先賢的影子。

羅馬時期的布魯圖斯，為共和政體的開啟作出了貢獻。他借助獨裁者塔克文之子強暴兄弟妻的罪行，燎原了共和制的革命之火，激發了塔克文另一子參與追殺父母兄妹的不倫。當時沒有人倫道德可言，他目睹了叔叔殘殺自己許多家人的慘景，又身歷了堂兄弟一家相互傾軋、欺嫂殺父的滅倫事件，甚至在當上執法官後，因二子

參與密謀復辟，而下令將他們鞭撻後斬首示眾。他的大義滅親、公
共利益，鑄造了共和國美德，史學家李維、戲劇家莎士比亞、畫家
雅克－路易‧大衛等，紛紛用文字與圖畫，客觀、率直、冷靜和平
實地描繪了這一共和體制的怪物。

　　並非所有的羅馬統治者都像塔克文一樣是暴君，如布魯圖斯一
般冷酷無情。奧古斯都除了因詩人奧維德寫過「生育過的女人不再
美麗」而將其驅逐，不喜歡李維寫了太多的羅馬紛爭，卻在為人處
世上，不失為帝國「第一公民」的風範和神采。他不把自己叫做皇
帝，漫步街頭也不需一堆扈從、幾個保鏢前呼後擁，主動和人人親
近致禮，願意端坐在元老院傾聽立法諸公的長辯短論，幾乎沒有帝
王的架子。其特有的尊榮，卻在這不喧囂、不張揚的作派中，散發
了無盡的魅力。

　　在歐洲這個混合體邁入文明的歷程中，民主意識隨著羅馬權貴
政爭、伊斯蘭入侵、十字軍東征，不斷發展，推陳出新，最終進入
了有國王的民主、沒國王的極權的狀態。即便不時出現獨裁者、暴
君，但國家已不再是國王一人獨有。國會中的平民代表，雖不能制
止神職人員、貴族代表向利益屈服，也不能左右國王專制，但仍能
形成一股民主力量，震撼朝野。從詹姆士一世前後的英國，我們可
以看到國會推行憲政體制、制約國王的艱難爭取，而新教與天主教
會在王位繼承人選上的衝突和較勁，明爭暗鬥，最終代表新教的國
會贏得了決定權。

　　中世紀的王權與宗教有著難以分割的聯繫，也產生了不可調和
的矛盾。國王登基，需教皇為之加冕，無形中顯示了教皇權威高於
國王；在加冕後，教皇需對國王鞠躬示敬，國王理直氣壯了，不需
要教皇的加持了。曾強制臣民信奉基督的查理大帝，後來常同教皇

發生齟齬，互不買帳。國王與教皇的權力哪個為大，自然製造了劍拔弩張的政教僵局。國王是教皇的保護者與捍衛者，有些國王意圖插手教廷事務，引發教皇反感、抵制甚至驅逐出教。亨利四世因與教皇格列高利七世為主教人選，發生衝突，便被直接趕出教會。同樣為了主教的決定權，原本不信教的、英雄強硬的拿破崙，卻不得不在稱帝加冕的問題上，向教皇妥協了。

　　約翰·赫斯特講說歐洲史，只是以扼要論斷、集中敘述的方式，將文字不多、分量不小的《你一定愛讀的極簡歐洲史》，解析在深厚、典雅、雋永、幽默又深入淺出的筆觸中，並雜以清晰的簡表、活潑的插圖，使我熟悉了歐洲史的大致輪廓。其中沒有涵蓋大量的人物，也沒有包羅許多的史實，但在歐洲文明背後的歷史真實、文化脈絡、宗教背景、社會內涵、政治爭鬥、軍事行動……都得到了一個合理的、充分的、有趣的展現。透視這不斷離我們遠去又如此豐富的數千年歷史，很容易讓人讀到了許多不同凡響、精彩不斷的獨特的意義、思想、深度和價值，也足以使我感覺到歷史原來可以這樣讀，簡潔而不簡單，簡要而又厚重。

（原載《中國圖書商報》2011 年 2 月 15 日）

走近西方文明的源頭

　　托·布林芬奇（Thomas Bulfinch，1796–1867）原不過是波士頓商業銀行一名小職員，長達 30 年地從事這一卑微的工作，默默無聞。自其 1855 年出版《希臘羅馬神話》、1858 年推出《騎士時代》、1862 年印行《查理曼大帝傳奇》之後，他的「布林芬奇神話集」被不斷翻印，深得讀者喜歡，使其「在美國文學最偉大的五年的那些偉大者之中，佔有了永久的一席」（坎貝爾語）。

　　曾經卑微的托·布林芬奇之所以偉大，之所以在美國乃至世界神話研究史與創作史上有著舉足輕重的地位，是因為其堅持傳播神話知識以方便年輕讀者瞭解和欣賞語文中的許多優秀文學作品，創造為人們不時引用而不專為博學家、神學家、哲學家們服務的神話佳作，成就了古典神話遺產英語譯介讀物中的一座豐碑。老一輩資深出版家楊堅翻譯的《希臘羅馬神話》（嶽麓書社 2009 年 9 月版），曾於 1987 年由湖南人民出版社出版，譯筆清新酣暢，裝幀大方精緻，紙墨佳好滿眼，得孫犁、羅念生、張舜徽等大家極力推重，後再三重版；今有嶽麓書社除在裝幀設計與編排款式上保留原來格調外，以博采優選的形式增益新的插圖，並對原有圖畫作求真保質的技術處理，甚是悅目，耐得細讀。

　　一本非原典性的研究作品，解讀兩千多年前的希臘羅馬神話，且能使得作者以一個名不見經傳的小人物身份一舉成名，足見其從荷馬、維吉爾、奧維德的史詩及其他古典著作中取材進行二度創作

的方式，是可能出現而無法忽略的成功。托‧布林芬奇借助散文形式來敘說希臘羅馬神話中著名、優美且富有詩意的故事，把古代影響深遠、近日仍在出彩的希臘羅馬神話譜系，清晰地勾勒了出來，勾畫得故事複雜、情節曲折、人物豐滿、形象鮮明，讓我們透視西方遠古人類進程中的許多重大命題，看清了千百年前的戰爭與和平、英勇與懦弱、愛情與虛假、美德與敗壞、忠誠與背棄等如何深刻表現。

古希臘人的想像力是獨特神奇的，不粉飾光明情愛，也不遮掩隱惡假醜，創作出神話如同史詩一般偉美。他們雖在命運面前總是無法逆反，但以自己的生活和形象，量身打造神，虛擬無所不能的神，創造了奧林匹斯山和奧林匹亞神系，諸如宙斯、波塞冬、雅典娜、阿波羅、維納斯、庫比德和後來為人類偷火卻被兄弟宙斯百般折磨的普羅米修士等一系列代表各個方面各個領域的神靈。

坐鎮奧林匹斯山的宙斯，既是眾神之王，也是人類之王，擁有無上的權力和力量。但萬能的宙斯，以貪花好色著稱，除有過三任正式妻子外，還同不少女神和凡間女子生過不少子女，或為監管一方的天界神祇，或為半人半神的人間英雄。正因如此，不論是希臘神話中宙斯一脈，還是羅馬更名不換人的朱庇特一系，成就了希臘羅馬神話的豐富多彩、源遠流長。我們在從中看到了普羅米修士之火、斯芬克斯之謎、風神的皮囊、奧狄浦斯情結、阿基琉斯之踵、潘朵拉的盒子，看到了尤諾對情敵們的怨恨、維納斯與阿多尼斯的畸戀、阿波羅對雅辛托斯的癡愛，看到了帕里斯燎原的特洛伊戰火、眾神捉弄奧德修艱難回鄉、赫拉克勒斯與獅子搏鬥殺死九頭蛇沖洗奧革阿斯牛欄……一切的一切，都是豐裕、美麗的。無怪乎，這些神與英雄、人與鬼怪的較量角力的故事傳說，肇始了西方文化和文

明的源頭,為數千年來的詩歌、戲劇、繪畫和雕塑等文藝形式,提供了取之不竭的源泉。《希臘羅馬神話》中所引用的彌爾頓、華茲華斯、拜倫、雪萊、濟慈、朗費羅、席勒等 40 家 160 餘節佳句名段,洋洋大觀,就是希臘羅馬神話影響後來作家詩人的一個很好注解。

托‧布林芬奇運用優雅雅潔的文字,形諸文字迷人且生命力旺盛的《希臘羅馬神話》,生動地講述了古希臘羅馬諸神和英雄們的身世來源、傳奇經歷;同時對古人所創造的天神與凡人、英雄的平民、巨人與侏儒以及神巫與怪獸,進行了深入淺出、通俗易懂的勾畫。古人們面對日、月、水、火等自然現象無法作尋根究底的科學解釋,對於命運、愛情、戰爭、死亡等人類最原始的活動形式往往難以自主,而他們只好在神話中尋找到貌似具體的鏡像,似乎宙斯或朱庇特們能為他們公平而公正地做主。我們通過托‧布林芬奇筆下的神話解讀,既能認識人類原始時期的社會秩序,又能發現遠古人類的情感、信仰、願望和幻想的諸多情趣。楊堅翻譯的《希臘羅馬神話》,不僅讓千萬里外、千百年後的中國讀者更好地感受希臘羅馬神話跨越時空限制、不受語言障礙影響的魅力,還為我們提供了一次全面深入地接近西方文化與文明源頭的機會。

希臘羅馬神話作為世界文化遺產,通過羅馬文學輸入歐洲,經過文藝復興鼎力推動,為歐美文化的蓬勃發展傾注了其他難以企及的巨力,深層次地影響著歐美乃至世界社會生活。我們研究西方文學、藝術、歷史、哲學、政治等,希臘羅馬神話如同史詩性豐碑一般不能繞過。我們今天所熟悉的現代「阿波羅登月」、「宙斯盾」和奧林匹克運動會等,無一不與希臘羅馬神話有著截然聯繫。

托‧布林芬奇《希臘羅馬神話》初版名曰《神話時代》,具體介紹希臘羅馬神話故事,寫出了神神之戀和有神人之愛,在歌贊終成

眷屬的喜劇的同時，揭示了紅杏出牆或棒打鴛鴦的悲劇；還零散地介紹了神話起源的理論和埃及、波斯、印度、條頓族、開爾特族的神話，且兼顧簡述了中世紀約翰教王傳奇與傳說中的鳳鳥、怪蜥蜴、獨角獸和火蛇等，不惜辭費地為之賦予浪漫主義色彩。楊堅選取刪去零散內容的企鵝版《希臘羅馬神話》，突出重點，保持原汁，在凸顯文學性與趣味性的同時，間插古希臘羅馬雕像、瓶飾，以及文藝復興時期以來達‧芬奇、拉斐爾、波提切利、提香、畢卡索、普呂東等名家繪畫六十餘幀，且在訂正文字、推敲譯詩、加設譯注、專業翻譯上，都有尊重原稿而不以訛傳訛的創新。書末附錄「神祇譜系表」引發讀者興趣，編輯「專名索引」方便讀者查閱，足見譯者所花心思之到位矣。

譯者楊堅，1923 年生於浙江紹興，早年任湖南省文化局科員，後調任湖南人民出版社編輯，再轉入嶽麓書社，屬出版系統首次評定職稱的資深編審，曾獲全國新聞出版系統先進工作者稱號與第四屆韜奮出版獎。1997 年以《船山全書》獲第三屆國家圖書獎。現已為 87 歲高齡的耄耋老者，仍在堅守編輯崗位修訂皇皇大書《船山全書》。近讀其得意譯著《希臘羅馬神話》，在驚歎托‧布林芬奇解讀希臘羅馬神話的匠心獨具同時，更多的是欽敬楊老為中國讀者紹介古代西方文化和文明的良苦用心。

寫到這裏，我不得不做一比較，發軔西方文明的神話、史詩通俗易譯，迄今已在全球傳播；而肇源東方文明的神話、詩辭古奧難譯，稍微外人讚歎就以為博大精深。我在黯然感歎之餘，究其原因，西方著作移譯進來，多受歡迎；而我們古典名著不但走出很少，甚至國人研究多是見仁見智自圓其說。我們能否學學托‧布林芬奇，通俗易懂且深入淺出地闡釋原典，吸引外人走近東方文化的源頭，

豈不對輝煌中國文化大有裨益。能有如此念想，亦為面對楊老新近
修訂、重推譯著的善功，是一種清醒與反思。

（原載《中華讀書報》2010 年 1 月 6 日）

那些逝去的英雄們

　　翻開希臘羅馬的古代歷史，人們總會油然驚歎其文化淹博、文明久遠和英雄輩出，溯其淵源，究其緣由，不時會遭遇帖修斯、羅慕拉斯、萊克格斯、波普利柯拉、提米斯托克利、卡蜜拉斯、伯里克利、費比烏斯·麥克西穆斯、亞西拜阿德、馬修斯·科瑞歐拉努斯、泰摩利昂、伊米留斯·包拉斯、泰摩利昂、佩洛披達斯、馬塞拉斯、亞里斯泰德、馬可斯·加圖（Marcus Cato）、斐洛波門（Philopoemen）、弗拉米尼努斯（Flamininus）、皮瑞斯（Pyrrhus）、該猶斯·馬留（Caius Marius）、賴山德（Lysander）、蘇拉（Sylla）、賴山德、西蒙（Cimon）、盧庫拉斯（Lucullus）、尼西阿斯（Nicias）、克拉蘇（Crassus）、塞脫流斯（Sertorius）、攸門尼斯（Eumenes）、亞傑西勞斯（Agesilaus）、龐培（Pompey）、亞歷山大（Alexander）、凱撒（Caesar）、福西昂（Phocion）、小加圖（Cato the Younger）、埃傑斯（Agis）、克利奧米尼斯（Cleomenes）、提比流斯·格拉齊（Tiberius Gracchus）、該猶斯·格拉齊（Caius Gracchus）、笛摩昔尼斯（Demosthenes）、西塞羅（Cicero）、德米特流斯（Demetrius）、安東尼（Antony）、狄昂（Dion）、馬可斯·布魯特斯（Marcus Brutus）、阿拉都斯（Aratus）、阿塔澤爾西茲（Artaxerxes）、伽爾巴（Galba）、奧索（Otho）等一系列偉大的名字。

　　成書於西元 1 世紀前後、出自古羅馬歷史學家普魯塔克之手的《希臘羅馬名人傳》（吉林出版集團有限責任公司 2009 年 9 月版），以一部體例鬆散的古代史筆記形式，較為清晰翔實地勾勒出了帖修

斯、羅慕拉斯、亞歷山大、凱撒、安東尼、梭倫等 50 名古希臘羅馬
政治家和軍事統帥的政治掙扎與人生追求，雖距今已近兩千年，但
首開西方世界傳記文學先河的風采。他的筆調和文體風格，對其後
的西方哲學、史學和文學（如美散文、傳記、歷史小說），都產生著
其他無法替代也難以企及的影響，甚至在西方有著如同中國紀傳史
上的《史記》、文學史上的《詩經》、《楚辭》一般的地位和尊榮。包
括莎士比亞的名劇《裘力斯‧愷撒》等一大批作品，無不師之，甚
至完全脫胎於《希臘羅馬名人傳》。

　　作者普魯塔克，是一位羅馬帝國早期用希臘文寫作的傳記文
學家、散文家、倫理學家以及柏拉圖學派的知識分子。他的家世顯
赫，生於德爾斐（Delphi）的北邊約 30 公里處小城奇羅尼亞
（Chaeronea）。其一生在傳記散文、倫理學研究上執意探索，著作
極其豐碩，有《希臘羅馬名人傳》（Plutarch』s Lives）和《掌故清
談錄》（Moralia）影響後來、傳世至今。普魯塔克有西方傳記文學
的鼻祖之美譽，堪稱西方「現代心理傳記作家」的先驅。英國傳記
作家鮑威爾，尊普魯塔克為「傳記之王」，似乎足以和司馬遷的《史
記》有異曲同工之妙，各領兩千多年風騷，競秀於西方和東方。

　　作為西方紀傳體歷史著作之濫觴，《希臘羅馬名人傳》（簡稱《名
人傳》，亦譯《希臘羅馬人物平行（對比）列傳》、《傳記集》）以古
代希臘羅馬社會廣闊的歷史舞台為背景，塑造了一系列栩栩如生的
政治、軍事及文化人物形象，不僅讓讀者看到了西方古代文明史上
的豐裕財富的積累、煊赫武力的擴張，而且能發現完備制度的嬗變、
昌明文教的鼎革，還可以看清楚一個群賢畢至、豪雄輻輳的時代。

　　《希臘羅馬名人傳》分為 3 冊 23 篇，第一冊把創基開國者、法
律制定者、政治革新者、軍事改革者、政略決勝者、離邦去國者、

揚威異域者、奮戰殞身者、執法嚴明者做了具體評述;第二冊著重
談論中興復國者、功敗垂成者、暴虐統治者、決勝千里者、戰敗被
殺者、叛徒殺害者、武功彪炳者、繼往開來者;第三冊對擁戴共和
者、改革敗亡者、政壇雄辯者、美色亡身者、弒殺君父者、帝王本
紀作了一一分析。

　　中譯本近 200 萬字的篇幅,分有 68 章,其中 46 章以類相從,
是名符其實的列傳。用一個希臘名人搭配一個羅馬名人,共 23 組,
每一組後面都有一個合論。如此安排,通過合論,可以使對古希臘
羅馬歷史、地理陌生的讀者,對諸多英雄人物事蹟,有了一個清晰
的瞭解。如在「帖修斯、羅慕拉斯合論」中,將分別開創希臘和羅
馬的兩位歷史人物,從業績起點的原因、對待婦女等方面差異放在
一起分析對比,有助於加深一般讀者的認識。其餘四篇則為單獨的
傳記,不作對比,也沒有合論。

　　普魯塔克在《希臘羅馬名人傳》熔政治、軍事、歷史、文學和
人生哲學於一爐,對古希臘羅馬諸多歷史人物,都做了一次較為全
面系統的、繪聲繪色的、描神寫性的勾畫。書中傳主,多為身出貴
門的權勢者與接班人,甚至有著神話色彩的出身,可以說都是傳奇
人物,這是受著古希臘羅馬神話的影響,諸如羅慕拉斯「起自草野
而躍居顯位,他和他的兄弟都被看作是奴隸、看作是養豬人之子」,
待到他登上權力最高峰時,竟然突然放棄國王的寶座,此類現象在
書中不在少數;古希臘雅典民主派政治家、統帥提米斯托克利,雖
從小聰穎機智、富於辯才,然家世卑微,遠不足以提高他的聲望。
是否這些資料有信史的價值,有待讀者甄別。豐富多彩的史料,樸
素生動的敘述,滲透其間的倫理思想,在《希臘羅馬名人傳》中不
時可見,一直為人們喜愛稱道。

寫到羅馬名將、政治家、獨裁者和激進分子凱撒時，普魯塔克不惜筆墨，對凱撒的政治人生的成長、政治爭鬥的進行，都作了選材精到、切入適中的紀實，把傳主的政治欲望、軍事手段和工於心計、善於論戰的形象，刻畫了了。這位獨裁者，歷任財務官、祭司長、大法官、執政官、監察官、獨裁官等職；先與龐培、克拉蘇秘密結成前三頭同盟，花了八年時間征服了高盧全境（大約是現在的法國），還襲擊了日爾曼和不列顛；後率軍佔領羅馬，打敗龐培，集大權於一身，實行獨裁統治，制定了《儒略曆》。他有威武不屈的個性，根本不買笛克推多的賬，也不因當時羅馬主子蘇拉的利誘脅迫而休掉妻子高乃莉婭，更不因蘇拉的排擠、迫害而放棄對馬留的推崇。遺憾的是，雖後來有屋大維這樣的事業繼承者，但英雄命短，凱撒在贏得內戰勝利宣告共和體制結束時，遭元老院成員暗殺身亡。

普魯塔克所記錄的人物，大都為西元前 400 年的人物，雖多為孔武有力的英雄鉅子，但神諭的威力一直主宰控制著他們的命途，如帖修斯、羅慕拉斯和雷慕斯的誕生，希波戰爭的進行，都被作者視為是神諭啟示的結果。有人評價：「普魯塔克尊崇神性，信奉天意……深信生命之無常與靈魂之不朽，提倡靈魂轉移和生命輪回的學說。《傳記集》中，偉大人物或立功建業（如梭倫、卡米盧斯），或功敗垂成（如尼基亞斯、克拉蘇），莫不與神諭有關，也無不顯示精靈或魔障的法力。這是普魯塔克唯心史觀宿命論的核心，其中含有很大的迷信成分。但也顯示了他在評論歷史人物時善惡分明、因果報應的思想。」在古代生產力落後的時期，迷信手段確確實實被正統人士用來實現一定的軍事、政治目的，甚至以此統馭、鼓動百姓以獲取更大的利益。這種做法，不僅僅是普魯塔克沒有逃脫出來，在其之前的古希臘神話《荷馬史詩》、《奧德修斯》等更是如此；就

是在東方，千百年來，祭天求神、讖緯之術、扶乩設壇，無一不是打著神人騙人的幌子。

從嚴格意義上講，雖和希羅多德的《歷史》並稱西方古典史學著作「雙璧」，普魯塔克的《希臘羅馬名人傳》不是純學理化的歷史專著；但，普氏以古希臘羅馬的重要歷史人物為中心，詳盡地描述許多重要歷史事件，形成自己獨特的方式，保存了許多已散件的文獻史料和難得的傳說佚事，至今仍是一部洞察希臘羅馬古文明必不可少的典籍，更是一座研究古希臘羅馬歷史無法繞過的豐碑。

在西方文化史、思想史上，《希臘羅馬名人傳》有著意義深遠、舉足輕重的地位；但，在中國的閱讀視野中，尚無沒有一個完整的漢譯本，不能不說是一個長久的、巨大的遺憾。雖《希臘羅馬名人傳》很早進入了中國學者的視野，但篇幅浩繁、文字古雅、翻譯難度極高，從 20 世紀五六十年代開始陸續出現中譯片斷和節譯本（吳於廑等譯《普魯塔克〈傳記集〉選》，商務印書館 1962 年版；吳奚真節譯《希臘羅馬名人傳》，台灣中華書局 1963、1971 年先後推出上、下冊），1980 年代也有過一些單篇傳記和合論的中譯文，但都散見於期刊與內部資料，一般讀者難以覓得。1990 年商務印書館推出黃宏煦教授主譯的《希臘羅馬名人傳》上冊（1999 年重印），但因為種種原因，其餘部分一直沒有出版。然，即便如此，這幾個節譯本在讀者當中，產生了巨大的反響，對中國讀者極具古希臘羅馬文明史的吸引力。

《希臘羅馬名人傳》似乎可視為普魯塔克有替帝王將相立傳的初衷，其中人物沒有幾個藝術或者哲學方面的名人，無怪乎先前在台灣梓行時名曰《希臘羅馬英豪列傳》（台灣聯經出版公司 2009 年版）。但在西方閱讀史上，一直作為經典名著，不因很少涉及古希臘

羅馬的哲學家、藝術家，而影響乃至弱化其在文藝和思想等方面的影響和地位。

譯者席代岳，1939 年生，祖籍湖南東安，10 歲隨父母去台灣，畢業於「陸軍官校」，歷任各種指揮職與幕僚職，曾在「三軍大學」任教，1999 年以「陸軍中將」退役，之後從事文字工作，譯作有《凱撒戰記》（台灣麥田出版社 2001 年版；廣西師範大學出版社 2003 年版）、《鏖鬥的年代：1941–1975 的美越關係》（台灣麥田出版社 2002 年版）、《戰爭的罪行》（台灣麥田出版社 2002 年版）。其獨力翻譯吉本近 300 萬字的六卷全譯本《羅馬帝國衰亡史》（台灣聯經出版公司 2006 年版；吉林出版集團有限責任公司 2008 年版），引起學界的震驚。

《希臘羅馬名人傳》1559 年被譯為法語，1579 年有了英譯本，此次推出的中文全譯本，係從英譯本轉譯而來。譯者席代岳參考 4 種現在流行的重要英文譯本，以桂冠詩人德萊頓的典雅譯文為主要底本，應該說在學術上是有所依據的。「這樣一部重要的史學名著，本來應該有一個從古希臘文直譯的版本，不過學界到現在還沒有完全完成這樣的工作。而席代岳先生以退役將軍的身份，以流暢和雅致的漢語在幾年之內先後翻譯出《羅馬帝國衰亡史》和《希臘羅馬名人傳》兩部西方史學的『堡壘』，本身就是一件了不起的事情。」

只因古希臘羅馬文化遠離當代世界，席代岳這個譯本光是注釋就加了 4447 條，為的是讓讀者分享其酣暢流利的文字美感的同時，不因生疏的專有名詞、歷史人物而感到難懂。席氏的注釋，很具特色，不僅僅是交代背景，有時候也會把自己的議論隱隱加入其中。比如《亞歷山大傳》記述腓力二世有七個老婆，克里奧佩特拉覺得亞歷山大繼承皇位不利於自己，便指使人把她丈夫殺了，後來亞歷

山大的生母把克里奧佩特拉母子活活燒死，使人感到注釋「不過比起呂后對付戚夫人的法子還是小巫見大巫」，這便是傳外立傳了。

　　能在新時期出版普魯塔克《希臘羅馬名人傳》全譯本，對於中國人系統全面瞭解希臘羅馬的古代政治鬥爭史、社會進化史、文化發展史和思想嬗變史，可以說功不可沒，善莫大焉。席代岳酣暢流瀉的文風、古樸優雅的韻致、翔實可考的注釋，足以為我們提供一條走向古希臘羅馬文明的陽光通道。

（原載《南方都市報》2009 年 10 月 11 日）

愛因斯坦的無奈與胡佛的瘋狂

　　近年來，影視劇對諜戰與間諜的表現，非常熱衷。那些懾人心神的爭奪同較量，那些為了利益的生死潛伏，那些間諜身上的機警、狡黠、艱險……以及鬥智鬥勇、不計名利和命懸一線，不時帶給觀賞者說不盡的欽服與感歎、憎恨與快意的機會。當我看到美國記者弗雷德・傑羅姆《愛因斯坦檔案》（席玉蘋譯，廣西師範大學出版社2011 年 2 月版），原以為是一本科學巨匠的傳記，或是傳奇人生的另一種敘述，但封面上一行「美國聯邦調查局對世界最知名科學家的秘密監控」，讓我有了許多驚訝和懷疑。

　　傑羅姆從 1980 年代公開的聯邦調查局檔案中，發現有 1800 多頁的資料，是屬於愛因斯坦的。愛氏 1930 年赴美前至 1955 年逝世間，幾近 25 年，胡佛的調查局運作七個機構對其進行嚴密監控，嚴密得許多局內高層都不知情，甚至在後來聞之時，也產生不少了驚訝和恐懼。

　　愛因斯坦能赴美定居、成為普林斯頓高等研究院的教授，為美國科學事業服務，應該是美利堅莫大的榮幸。而胡佛關注的不是愛氏的科學計劃，而是著意詆毀他的名聲和影響力。

　　胡佛們害怕愛因斯坦的政治主張和活動，惶恐於那些表達國際主義、反不正義戰爭與種族歧視、關切社會正義的內容，會激發一股強大的紅色恐慌。他們想方設法地把這位心不在焉、和善可親的科學巨人，醜化成「共產黨同路人」、「俄國間諜」與「顛覆分子」，

誣指愛氏為通赤間諜與綁架案策劃人，並使用林林總總的、匪夷所思的手段，如近身跟蹤、竊聽電話、私拆信件、暗闖住宅，對他的言論、交往、親人與情人，都進行了密不透風的監控。哪怕是前妻、兒子與之分離多年，也在 FBI 的檔案裏，留下了詳細的記載。

愛因斯坦在現代科技史上的作為和成就，是有目共睹、舉世聞名的，32 歲時作為最年輕的與會學者，出席全球頂尖物理學者在布魯塞爾舉辦的第一屆索爾維會議，1912 年成為世界公認的數一數二的理論物理學家……他出生在德國，年輕時便有反戰思想而逃離他國，加入瑞士國籍，放棄了德國公民權、逃避了兵役，但德國政府還是歡迎他回國，提供不必教書的全職教授待遇，容忍他發表反軍國主義觀念和國際主義觀念，讓他繼續使用特許的辦公室。

他反對戰爭狂熱，用宇宙新理論顛覆牛頓權威，得到一戰時德國政府的大度和默認，卻未能因猶太人出身，躲過希特勒納粹集團的侵害與追殺：親納粹媒體拿他作攻伐的箭靶，出版社推出攻擊他的百家言，陸軍高級將領對他發出威脅生命的警告……他只能倉皇出逃。

然而，在 1932 年 12 月，當他整理好行囊、希望去美國度假時，他的無政府主義者色彩，受到了堅持反女性主義立場的美國「愛國女性協會」的力阻，並將他和蕭伯納、馬克思之孫一同列為「不受歡迎的外國人」。「愛國女性」的領導者向國務院呈交了備忘錄，幾乎將所有的政府顛覆罪名都冠於其頭，為他戴上「新興的軍事和平主義」領袖的帽子，要求當局將其拒之國門之外。

最終，愛因斯坦還是聰明地進入了美國，他在德國的家被黨衛軍無情地沒收了。他從此寓居美國，在這一片宣揚自由、民主和博愛的土地上，做遭到監控、不受歡迎的外來者。他作為世界權威服

務於美國科技,但高層在分享他的科技成就時,卻時時提防他在反種族、反戰爭、求和平方面的無政府主義傾向和言論。

他獲悉希特勒妄圖製造核武器來危害人類,即刻清醒地連袂其他科學家提議美國總統啟動反制行動,爭取搶先研發出原子彈。如此抉擇,被迫無奈,他的和平主義者身份,遭到了全球其他同取向者們的質疑和聲討,但他堅持自己的判斷,在白宮投資微薄、重視不夠的情勢下,再次呈請羅斯福作理性的認識,正式啟動曼哈頓計劃。遺憾的是,他作為主要倡議者之一,卻被決策者置於研發團隊之外。這樣的結局,調查局特工與陸軍情報署的暗中掣肘、胡亂生事,自是決定因素。

出乎意料,狂人希特勒的造核實驗失敗了,而原被白宮冷淡的曼哈頓計劃成功了。其中愛因斯坦的指引和功勞,至為關鍵。此時的他,強烈反對美國當局使用原子彈,聯繫大多數研發科學家力陳禍害,然而,羅斯福拒絕會見他,繼任者杜魯門要搶在蘇聯紅軍的前面,殘酷地打擊負義的日本,從而影響了胡佛採取更高、更強的手段,監視、防止愛氏的共產黨情結與紅色傾向。

赴美後,愛因斯坦幾乎不再離開過美國。他在理論物理學方面推陳出新,不怕顛覆自己,又為民主和自由振臂疾呼,支持正義的抗爭,反抗威權和迫害。他在猶太人集會上讚揚蘇聯各方面的建設成就,討論原子軍備的危害性,反對美國對蘇聯發動預防性戰爭、進行普遍軍事訓練、製造氫彈,等等。他的反戰言行、涉共思想,引發了胡佛集團、右翼勢力的不滿和衝擊。他被推遲加入美籍,還需面對各種各樣的指控、威脅、監搜和污蔑,甚至是間諜們的逮捕行動。他堅定不移地抗議和抵制新法西斯的肆虐張狂,譴責美國擴軍備戰政策是世界和平的嚴重阻礙。在 1950 年代聲勢浩大的麥卡錫

主義風暴中,他無懼反共、反民主的胡佛、麥卡錫們惡意強加的「美國的敵人」之類的誹謗,果敢地發出追求社會公義的另類之聲,公開呼籲各方證人站出來對抗右翼議員、「宗教法官」的中傷同迫害,表現出一位偉大的思想戰士的清醒、理性、睿智和無畏。

愛因斯坦一生崇尚無政府、反權威、反戰爭和反種族歧視的和平主義、國際主義。雖然危害人類的第一枚原子彈,肇源於他的盛情提議,但綜觀當時國際環境,純屬迫於形勢,倘若希特勒造核成功,如無制衡之器,傷亡自然更大。納粹計劃落空,而美國方面為了維護霸權地位,全然置愛氏等一大批科學家意見不顧,這也是他無能為力、無可奈何的,使之無限感傷和蒼涼。

「傀儡王」坎德加・胡佛採取非常手段,對各行各業重要人物、知名人士進行翔實豐富的建檔列館工作,監控愛因斯坦、馬丁・路德・金、卓別林、賽珍珠為代表的、有思想的知識分子群體,嚴控美國不被赤化,不為他思想影響,甚至掌控現代公共領域,讓好萊塢絕對服從。他的才幹、能耐和瘋狂,美國最高領導者該為之頒發頂級榮譽勳章,褒獎這位司廳級幹部的偉大貢獻。然而,這位勞苦功高的諜戰主將,卻為任期內的八任總統恨之入骨。甘迺迪和情人在空軍一號上的床戲錄音,雷根早年做小演員時被劃為左傾分子的記錄,羅斯福夫人埃莉諾的裸照,他都盡收囊中。他執掌調查局近半世紀,究竟藏有多少珍密,讓每一個人都好奇,即便總統、檢察官也想一窺其武庫。數以千萬計的黑檔案,成為了他生存與神話的護身符、不倒術。杜魯門、甘迺迪、尼克森都想裁撤他,卻無法進行下去。所有的密探、線民只忠誠於他,無數的秘密、隱私都集結於他。當聞訊其病亡後,尼克森額手稱慶、欣喜若狂,訕笑這位西裝流氓、同性戀者的死,使「危險環境離我們遠去了」。而其任期

內威權製造的半牽強、半捏造的黑資料，也終有曝光、接受證實的一天。

愛因斯坦是否真是被赤化的間諜，或者是綁架案背後的策劃者，歷史自有公正的評判，不是莫須有的誣指、偽稱與僭妄所能編織的。弗雷德‧傑羅姆大膽而冷靜審讀相關內容，採訪諸多知情人，在《愛因斯坦檔案》中，揭示了愛氏在科研之外，作為世界公民的思想與踐行，以及很多不為人知的軼聞和情事，執著和理智。當然，也使人驚異於他作為一個特立獨行的性情男人，在婚內癡戀表妹或蘇聯間諜的真實、熱烈、普通和崇高。

（原載《新聞晨報》2011 年 5 月 15 日）

舞台的真相

　　自幼開始，出生音樂家庭的我，時常尾隨父親走近大大小小的舞台，驚歎歌聲頓挫舞蹁躚的演員表現，不時惶惑於舞台轉換、背景變化同燈光閃爍等，總想爬上舞台、偷至幕後，看個究竟。但，總是很難得以滿足。只是近來在妹尾河童著述的《窺看舞台》（姜寀蕾譯，廣西師範大學出版社 2010 年 6 月版）中，著實看到了一個真正的背後，以及神秘的真相。

　　妹尾河童，日本當代具有代表性的舞台設計家，多次在戲劇、歌劇、芭蕾舞劇、音樂劇及電視等多類型的舞台上，表現出獨特的氛圍同效果的創設。這位時年八十的老先生，從 1954 年自學舞台設計嶄露頭角迄今，已在「紀伊國屋演劇賞」、「讀賣演劇大賞」、「藝術祭優秀賞」等眾多賽事中，獲取佳績，而且形諸平實而不華麗、自然富有理趣的文字，使我們生發出各種各樣的期待與憧憬。

　　近年來在中國圖書市場上，能多次看到他的文本。他以別樣的好奇、韌性和深究底裏的脾性，邊走邊看邊繪，把在印度的觀感寫成《窺看印度》的真實，展現一個另類日本人眼中的印度建築、宗教、歷史和文化。在他輕鬆的文字、細緻的繪畫、商標式的畫風中，你能通過《河童旅行素描本》，看到義大利自動製麵機、伊朗紅茶、香港地鐵車票、意德法的電話卡、東西方的鑰匙和鎖，看清馬來西亞風箏、印第安水車、丹麥和巴基斯坦的捕鼠器、英國的火柴、墨西哥的面具……甚至莫札特的大便。他《窺視日本》，將祖國從皇居

到監獄、從鎖具到文身、從豪華舒適的東方快車到與子彈賽跑的新幹線等多樣風情，清晰勾畫，情趣盎然。他帶著無窮的興致，展現日本文學、戲劇、音樂、美術、手工藝、科學、建築、政治等不同領域 50 位知名人士的書房、創作室、畫室、畫廊等，引領你近距離、生活化地《窺視工作間》裏的別樣人生；並邀你去《窺看歐洲》，感受 20 個異國的飯店房間、大街小巷、國際列車乘務員、民宅窗戶和氣候風土等的奇特變化與自然風景。他以不同的切入和思考，帶著我們在多樣的期待中，找到了窺看的快感，其中有鍾情、戀愛與歡欣，而更多的是雖沒親身目睹真正發生和得到的無可奈何，卻也能在如身臨其境的勝景中，獲到不少慰藉、回味與記憶。

他長時間地工作在舞台上，為成就演員的精美演繹、滿足觀眾的舒心享受、殫精竭慮、挖空心思地努力著。也許有大多欣賞者，雖對舞台旋轉升降、佈景自然切題、光亮恰到好處、道具設計做工等，都有過多多少少濃濃烈烈的好奇的衝動，但沒有幾人會同 M 君一樣，纏著妹尾不放，軟硬兼施，追隨其後，去看舞台的真相，同時又逼著老人寫出了 12 篇文字，反映舞台的不同側面與真實。

妹尾筆下的舞台，確是存在著許多神奇，也產生了不少驚奇的故事。

日本是旋轉舞台的始祖，在文獻中，在言傳裏，總有不少人叨念著舞台藝術的淵源流變。江戶時代歌舞伎藝術的進步，使後來歐洲師從日本，有了舞台上的輝煌。隨著旋轉舞台與分割台、一般舞台與雙胞旋轉舞台、蛇目旋轉台與三重旋轉台的接連出現，舞台設計者不但要掌握場地大小、安排區域劃分、熟悉道具燈光等，還得靈通快捷地理解導演的意圖。有時導演一句模糊不清的指示，諸如哥雅色調、法蘭德斯派畫風、魯本斯風格、倫勃朗式樣……都須巧

妙地理解，融會到實際設計造型中去，做到讓導演合意、讓演員順意、給觀眾愜意。

妹尾擅長於舞台設計，不僅能通過別出心裁的藝術創造，把編劇和導演的思想，完好精美地傳遞給生疏的觀眾；還欣然地同佈景設計、道具職人、舞台總監、燈光設計等舞台人員，進行寬容信任的溝通、配合與協作。他具有精深的設計思想與主張，而且以一任學者風範，旗幟鮮明地指出仿造的道具背景逼真難辨，而並非贗品騙術；聲明給人驚奇、使人讚歎的特技、機關，貯滿了藝術的、科學的真理。他從由舞台燈光設計的黑暗中，看見了舞台藝術的希望同願景；也曾使超出預算百多萬的演出，實現了豐厚利潤、普遍好評。他常常善意地告誡人們不要為滿足一時的奇思妙想，而蓋出奇形怪狀的劇院，使之沒有多大的用途。如此的一切，都見證了與履行著一位舞台設計大師的價值和作用，操守和品德。

我們不要小看和短視了工作在台前幕後默默無聞的人們。在旋轉舞台的下面，曾經有一代代的甘心犧牲者，齊心協力地推動著轉軸，讓廣大觀眾看到了有過歡笑、有著憂愁的演出。雖然現在電動轉動，不需要複雜繁冗的人力服務了，但有很多傳統藝術的愛好者，紛紛加入到保存舞台舊址的行列。當有藝術家需要查看遺跡時，他們在凌晨五點半聚集 80 人，認真小心地拆開封閉多時的舊房子，其中有不少人還要趕去上班。同時，有許多服務於舞台造型藝術的奉獻者，為了一次成功順利的演出，可以在 75 秒鐘內，完好地實現了一場舞台佈置。

妹尾河童用飽滿親和力的文字、表現清晰度的畫稿、傳遞歷史性的劇照，以及保持真實性的導覽與說明，將對大眾而言具有許許多多的神秘和奇異的劇場幕後，慢慢地呈現在通俗而開放的方式

中，仔細地解讀與剖析著藝術舞台背後和底下的真相。貌似神奇的舞台造型，在設計者同建造者那裏，是一種原本普通的謀生手段，但是，隨著生命體驗的進行，成為了他們不可或缺也了不起的精神需要與藝術追求，同時，也帶給了我們無數的清新、熟悉和親切。

　　《窺看舞台》原為《藝術新潮》1985 年年度連載稿，新潮社、平凡社與文藝春秋接連重版翻印，輾轉至台灣，由姜窝蕾移譯，推出遠流圖文本，後為中國內地引進，更大範圍地激發讀者的閱讀興趣，以及走進劇院、接近舞台、想像真相的興致。

（原載《南方日報》2010 年 7 月 25 日）

湖南特別獨立之根性

　　對於盡朝暉的芙蓉國湖南，無論是政治史、經濟史、軍事史，還是社會史、思想史、文化史，我們都是較為熟悉的。「無湘不成軍」是湖南人聲震九垓的榮耀，「師夷之長技以制夷」是湖南人振興中華的首創，「無所依傍，浩然獨往」是湖南人驚天動地大手筆，「敢教日月換新天」是湖南人揚眉吐氣真風采。由於有著湖湘文化的千年滋養，楊毓麟在《湖南人》激情讚揚「我湖南有特別獨立之根性……岸異之處，頗能自振與他省之外」。湖南人精神內涵中「有獨立自由者思想，有堅強不磨之志節」，蔡鍔聲稱「我湖南一變，則中國隨之矣」，楊度高唱「若道中華國果亡，除是湖南人盡死」，錢基博讚歎「義以淑群，行必屬己，以開一代之風氣，蓋地理使之然也」；就連向來自傲清高的大學者陳獨秀，更是熱情洋溢地寫出《歡迎湖南人底精神》，鼓勵時人和世人「歡迎湖南人底精神，是歡迎他們的奮鬥精神，歡迎他們奮鬥造橋的精神，歡迎他們造的橋比王船山、曾國藩、羅澤南、黃克強、蔡松坡所造的還要雄大精美得多」。這些，都是湖湘文化精神與湖南人精神的寫實。在中國思想史、文化史上，湖南人所創造的湖湘文化，一直放射著耀眼的光彩。

　　和齊魯文化、中原文化、吳越文化、嶺南文化、巴蜀文化等一樣，湖湘文化有著愛國憂時、經世務實的鮮明特色；而湖湘文化精神中的敢為天下先、霸蠻而靈泛的內涵真諦，往往能給人強烈的時代感。蔡棟新近第 3 版推出的《湖湘文化訪談》（湖南人民出版社

2008 年 8 月第 3 版），帶著真誠、平和的心態，流著自然、素樸的
熱情，在一個新的層面，引領愛書與讀書之人，走近湖湘文化的真
實，認識過去的人們曾遇到過的、思考過的也感到困惑過的問題，
以及今天的人們依然在遇到的、思考的而不斷解決困惑的問題。

一

　　湖湘文化有廣義與狹義之分，廣義的湖湘文化指湖南地區的一
切古代迄至近現代的文化成果和文化傳統，是湘楚文化的一部分；
狹義的湖湘文化主要指以湖湘理學為基礎的人文傳統，包括濂溪
學、船山學和近代湘學在內。湖湘文化是一個動態發展的、歷史的
概念，上接屈原為代表的楚文化傳統，中經宋代湖湘學派，繼由明
末清初大思想家王船山承傳發展，到近現代，始終以儒家思想為核
心進行理學型文化思考與發展，產生了一代又一代諸如魏源、曾國
藩、左宗棠、郭嵩燾、譚嗣同以及毛澤東等風流人物。
　　蔡棟情系虔誠，筆書流利，精心於《湖南日報》傾情報導湖湘
文化的流變與弘揚。先是「訪談」，再是「大家談」，後來深入地把
握「走向 21 世紀的湖湘文化」，並及時展開「湖湘文化尋蹤」，努力
進行由遠及近、從虛入實、鍥而不捨的縱深化理性思考，於一層層
發掘中孜孜求索，在一步步深入中默默進取，把上世紀 80 年代以來
湖湘文化研究推向了全新的起點，將思想、精神、人格融會成一硯
平實的筆墨。墨香飄飄，情思悠悠，經過長時間的努力，「湖湘文化
訪談」成為了《湖南日報》、「報業湘軍」與湖湘文化研究領域的一
個亮麗的品牌，閃現在讀者眼前。
　　作為一家省級黨報的文章集結成書，而又能在為時不短也時隔
不長的時期，連續再版兩次並印數不少，不難發現，蔡棟在「湖湘

文化訪談」這一課題上，找準了選題，下足了力道，而且不斷不倦地做深做透。畫家王憨山「墨要給足，色要給足，給足才有分量」的畫論，被精通書畫道理的蔡棟，鮮活地應用到了文化研究之中，也讓他把本是枯燥的學術論談，不為報紙的時效規律約束，而形諸為一系列文化報導，且不說成書後受到讀者歡迎，就是發表時就有不少人索要報紙不願漏掉一期。新聞類報紙上的內容能有如此受歡迎而持久，是因為其內容有品位但不孤高自賞，有內容而貼近讀者，這是當下淺薄煽情的文化娛樂化，所不可同日而語的。

二

21 篇文化訪談、16 篇連結文章與 21 篇人物特寫，形式活潑，內容充實，互為映襯，相得益彰，把湘中之學與湘人之學，勾畫得淋漓盡致。作為一名報人，蔡棟擅長於同文人、學人、哲人、藝人甚至餐飲大師、外交大使在精神上對話，平靜地在訪談之中勾勒湖湘文化特有的風采和風範。他不滿足於點上的精雕細刻，努力與朱漢民、易中天、陶用舒、文選德、林河、范命輝、毛炳漢、何滿宗、鄢福初、蔣祖烜、王東京、李鐸、袁南生等文化名流進行傾心交流，在平實而真誠地對話與溝通中，探詢湖湘文化中的歷史、閃光點、精神氣質、性格弱點、二重淵源、特質、近代人才群體、當代文化責任、儺文化、毛澤東家世溯源、湘菜、五大書家和建築等方面，系統地探秘與思考湖湘文化的發展和弘揚，並從經濟學的視角提出文化產業的新亮點、新思維。

如訪談知名教授易中天的《「霸蠻」與「靈泛」》、訪談書法大家李鐸交談推出《湘人李鐸的論書斷語》等，妙語連珠，可圈可點，

其中多有鮮活的史實解讀，更有妙趣橫生的自由快意，而且在這些方面的探討，有著前所未談、後能受益的新面貌。

長期以來，有不少學者、作家對於受湖湘文化經世致用精神影響的曾國藩，做了與眾不同但切近實際的特寫，曾氏對鎮壓農民起義屢敗屢戰，與洋人談判交涉矛盾重重，為中國推行洋務殫精竭力，而在蔡棟訪談外交大使袁南生的《外交風雲中的湖湘人物》中，我們認識到外交事業中的曾國藩「是中國面臨千年未有的內憂外患的變局時本土崛起的著名人物，以其立德、立功、立言的非凡實踐而著稱於世。歷史證明，曾在近代外交史上，是洋務外交的首家、道義外交的名家、軍事外交的大家，當然，也是教案外交的輸家」。長期以來，有不少人認為曾氏有著賣國行徑，但只要細想，一生效乃父風采的曾紀澤與沙俄談判不卑不亢、有理有節，而其父能有那樣難堪的卑劣行為嗎？更何況當時的曾國藩並不是朝廷的執政者。這篇訪談，對於我們認知這位湖湘文化大家，不能不說是一篇有分量、能創新的好文章。諸多文章，不但是權威性和廣泛性的結合，而且是思想性與知識性的體現，更具備可讀性同耐讀性的統一，使人讀了真能有所啟迪有所收穫。

對於湖湘文化的認識，有利於我們審視過去、反思自身、看重未來，都是一件有意義的事情。《湖湘文化訪談》對湖湘文化的內涵、淵源、特色、群體人物、學術成就和局限性，以及它和社會主義文化、經濟發展的關係，一一展開了多方面、多角度、深層次地論述與探討，注意發掘、研究和展示湖南區域文化的風貌、淵源及其今日走向 21 世紀的發展，為我們瞭解包括湖湘文化這一區域性歷史文化形態在內的優秀文化，有著其他不可替代也難以企及的普世作用。

　　蔡棟在做好關於湖湘文化主題訪談的同時，相應地連結了有代表性文章，引用名家的理論把脈與思想解讀佐以證實，全方位地對湖湘文化進行有效的系統梳理與思索，如王東京《市場經濟與湖湘文化取向》、唐浩明《以高遠信念引領湖湘文化》、朱有志《創新湖湘文化，呼喚六大轉換》等文章，以湖湘文化創新的視閾觀照湖南社會，提出由政治文化向經濟社會轉換、由革命文化向建設社會轉換、由封閉文化向開放社會轉換、由計劃文化向市場社會轉換、由重農文化向重工社會轉換、由崇官文化向崇商社會轉換等諸多觀點，對於湖南經濟大省、文化強省發展之路，不啻於一聲文字驚雷，起著發聾振聵的作用。

三

　　湖湘文化之所有多有人們所熟悉和驕傲的成績，關鍵在於它有著自己的精神體現，受其哺育的士人與群眾，不論是過去還是現在，都是在不斷塑造它的豐碩偉岸而自強不息。也正這般代代努力，輩輩相傳，湖湘文化厚積薄發，在全國的影響日益隆盛，不斷深入漸呈「顯學」氣勢。湖湘文化精神主要表現在心憂天下、敢為天下先、經世致用、實事求是等方面，而它的履行者、實踐者、發揚者，更是薪火相傳。傳統儒家的內聖外王理念，被糅合在性理哲學與經世學說之中不斷創新出彩，滋養諸多湘人把小我修養和大我事功統一起來，實現以天下為己任的抱負及憂樂家國、成就正道的操守。三百多年前，困守於瑤峒四十載不出的王船山，推出數百萬字的皇皇大書，為湖湘文化燎原了經久不滅的聖火。而今天，許多學者、專家為湖湘文化創新與發展鼓與呼，立足於優秀傳統文化的弘揚，認

真審視湖湘文化的現時代價值，努力為當代社會主義文化建設、經濟建設、道德建設，提供傳統文化營養進行理性思辨。

蔡棟致力於對湖湘文化的深層次的挖掘、全方位的思考以及確實性的求證，盡情地對當下知名的學者、教授、作家、出版家、書畫家、音樂家及節目主持人等文化名士，進行一次坦然而平靜的素描。他不停留於名人的情史生活探秘，而是認真地在值得一書的湘人人性上挖掘，引時人走近他們同樣平凡但不平淡的人生，為世相奉獻它們漸已遺忘然非遺失的風景。他用報人的專業眼光和學人的謹慎文筆，樂意酣然地引領時人走進林凡、黃永玉、王憨山、黃永厚、李自健、禹安平、唐思源的畫境，問業柳鳴九、嚴北溟、湯可敬、周谷城的學術，賞玩李鐸、張錫良、劉曉斌的書法，感受肖曉琳、徐俐的主持，摩娑鐘叔河的圖書，欣悅郭天民的設計，對接鄧曉芒的哲學，聆聽楊天解的音樂……寫他們的投入與忘情，寫他們的霸蠻和靈泛，意在從人物身上折射出湖湘文化。

這些當代湖湘人物，可謂是湖湘文化不同分支領域中的翹楚，他們既是湖湘文化的體現者、實踐者，又是中國文化的推動者、弘揚者。寫他們的情和愛，寫他們的迂和癡，也不過多迴避他們的淡泊及張揚，更好地瞭解湖湘文化，有效地深化湖湘文化訪談的意義。這部分似乎可以刪去，易為另冊，與前部分的訪談主題不很切合。但是只需細細體會，又能發現作者的真實用心。正如作者在自序中所言：「儘管這些人物的名氣又大又小，成就有高有低，但竊以為這些人物的行為與氣質都較多體現了湖湘文化的特點和湘人的性格，故一併收進，或可視作湖湘文化的『實證』。」

四

　　關於湖湘文化的分析與探討，作者對源自農耕區域文化的湖湘文化，沒有忽視近世精神中的負面效應與消極影響，在訪談中，既充分肯定了湖湘文化務實、經世的優點，也認真解構了其保守、輕商甚至走極端、窩裏鬥等諸多缺失。作者和被訪談者們，對湖湘人才群所表現出的保守、封閉、虛驕等一系列不足，展開了理據充分的剖析與批判，著力從文化、經濟諸多方面，思考和比較湖湘文化的得與失，一反常態、旗幟鮮明地批判湖南人固有的虛驕自大之氣，不能不讓讀者、廣大湖南人再次深思。

　　在湖湘文化訪談文章中，大多在肯定湖湘文化的價值與意義的同時，對於湖湘文化與湖南人的性格缺陷，也絲毫不給面子更不留情地展開了理性的反思與冷靜的分析。朱漢民強調：「湖南人雖剛毅而敢為人先，但又顯得自我意識太強而欠缺合作精神；湖南人雖顯得大氣，但又可能形成虛驕之氣而難客觀把握自我與外部世界的關係；湖南人有很強的政治意識，但是處處以政治為中心則難以適應以經濟為中心的現代化建設。」易中天說道：「『霸蠻』作為一種文化精神，是應該肯定的」，但是，「不講科學的『霸蠻』是野蠻，不講民主的『霸蠻』是霸道，不講方法的『霸蠻』是愚蠢，不講策略的『霸蠻』是魯莽」。陶用舒指出：「湖南人性格的另一方面，是濃厚的保守意識，湖南三面環山，交通閉塞，自古以來，湘省居民多有歷代務農耕種之家，而很少有出外經商之人。」凡此種種，對於我們深層次地瞭解湖湘文化，是有著很大的幫助的。我們認識一種文化，既要吸收和發展它的優點長處，又要辨識與克服它的補足短

處，並多方面地吸收、綜合各種優秀的、先進的文化，這樣才有助於推進湖湘文化乃至整個中國文化的更新與轉型。

五

於全國範圍而言，區域文化的發掘與思考，湖湘文化研究率先地走在全國的前列，而且以其把握準、研究深、起點高和立意遠等鮮明特色，在全國區域文化探索方面，有著舉足輕重的地位。研究中國文化，地域文化是無法繞過的座座豐碑，一旦忽視了地域文化的價值，就無所謂中國文化的存在，我們有必要也亟須在中國文化大背景下，好好地觀照湖湘文化的發展。湖湘文化是中華民族傳統文化的重要組成部分，對它的審視與探究，有利於我們和後人瞭解中國文化史、思想史、軍事史等。湖湘文化與中國文化就是血脈相連、生息相同而休戚與共的關係，著力研究好了它和其他地域文化，就能更好地弘揚中國文化，使之真正而永遠的無與倫比。尤其是，在晚清洋務運動、辛亥革命乃至新民主主義革命中，湖湘文化對於活躍其間的領軍人物、風雲幹將，都是起著不可或缺的影響動因。《湖湘文化訪談》的問世、增益、修改，補充，不僅有助於我們較為系統理解了湖湘文化，而且在更多的層面上，方便了我們推動湖湘文化乃至中國文化的和諧進程。如此不同於學術專論，又異於新聞報導，別開蹊徑，所得獨富，亦能讓人為之狂喜和清醒。

《湖湘文化訪談》接連再版，精益求精而無一絲半毫的時代落後感，勢必進一步導引世人和後人更好地走近湖湘文化，正確地評說湖湘文化的意義與認識湖湘人物的價值，妥帖自然地從湖湘人物非勝於易勝的智名勇功之中，汲取滋養能動地創造與弘揚湖湘文化。在審視人與文化的發展中，《湖湘文化訪談》淋漓盡致，字裏行

間凸顯的也正是一種霸蠻精神。蠻,是一種忍性外露;霸,為一懷才氣內涵。能在文字中流走蠻勁和霸氣,其筆是流利的,其情是虔誠的,其魂其靈就悄然又默然之間刻上湖湘文化的標識。這就是一種為家國憂樂的風範,也是一次對文化傳承的大寫意。

(原載《南方都市報》2008 年 10 月 5 日)

釀文學103　PG0781

 敬之書話
　　　──歷史的深處

作　　　者	向敬之
責任編輯	林世玲
圖文排版	楊尚蓁
封面設計	陳佩蓉

出版策劃	釀出版
製作發行	秀威資訊科技股份有限公司
	114 台北市內湖區瑞光路76巷65號1樓
	電話：+886-2-2796-3638　傳真：+886-2-2796-1377
	服務信箱：service@showwe.com.tw
	http://www.showwe.com.tw
郵政劃撥	19563868　戶名：秀威資訊科技股份有限公司
展售門市	國家書店【松江門市】
	104 台北市中山區松江路209號1樓
	電話：+886-2-2518-0207　傳真：+886-2-2518-0778
網路訂購	秀威網路書店：http://www.bodbooks.com.tw
	國家網路書店：http://www.govbooks.com.tw
法律顧問	毛國樑　律師
總 經 銷	聯合發行股份有限公司
	231新北市新店區寶橋路235巷6弄6號4F
	電話：+886-2-2917-8022　傳真：+886-2-2915-6275

出版日期	2012年8月　BOD一版
定　　價	260元

國家圖書館出版品預行編目

敬之書話：歷史的深處 / 向敬之著. -- 一版. --
　臺北市：釀出版, 2012. 08
　　面；　公分. --(釀文學103；PG0781)
　BOD版
　ISBN 978-986-5976-42-2(平裝)

　1.書評

011.69　　　　　　　　　　101009976

讀者回函卡

感謝您購買本書，為提升服務品質，請填妥以下資料，將讀者回函卡直接寄回或傳真本公司，收到您的寶貴意見後，我們會收藏記錄及檢討，謝謝！如您需要了解本公司最新出版書目、購書優惠或企劃活動，歡迎您上網查詢或下載相關資料：http:// www.showwe.com.tw

您購買的書名：＿＿＿＿＿＿＿＿＿＿＿＿＿＿＿＿＿＿＿＿＿＿＿＿

出生日期：＿＿＿＿＿年＿＿＿＿＿月＿＿＿＿＿日

學歷：□高中 (含) 以下　　□大專　　□研究所 (含) 以上

職業：□製造業　□金融業　□資訊業　□軍警　□傳播業　□自由業
　　　□服務業　□公務員　□教職　□學生　□家管　□其它＿＿＿

購書地點：□網路書店　□實體書店　□書展　□郵購　□贈閱　□其他

您從何得知本書的消息？

　□網路書店　□實體書店　□網路搜尋　□電子報　□書訊　□雜誌
　□傳播媒體　□親友推薦　□網站推薦　□部落格　□其他＿＿＿＿＿

您對本書的評價：（請填代號　1.非常滿意　2.滿意　3.尚可　4.再改進）

　封面設計＿＿＿　版面編排＿＿＿　內容＿＿＿　文／譯筆＿＿＿　價格＿＿＿

讀完書後您覺得：

　□很有收穫　□有收穫　□收穫不多　□沒收穫

對我們的建議：＿＿＿＿＿＿＿＿＿＿＿＿＿＿＿＿＿＿＿＿＿＿＿＿

＿＿＿＿＿＿＿＿＿＿＿＿＿＿＿＿＿＿＿＿＿＿＿＿＿＿＿＿＿＿＿＿

＿＿＿＿＿＿＿＿＿＿＿＿＿＿＿＿＿＿＿＿＿＿＿＿＿＿＿＿＿＿＿＿

＿＿＿＿＿＿＿＿＿＿＿＿＿＿＿＿＿＿＿＿＿＿＿＿＿＿＿＿＿＿＿＿

11466
台北市內湖區瑞光路 76 巷 65 號 1 樓

秀威資訊科技股份有限公司 收

BOD 數位出版事業部

....

（請沿線對折寄回，謝謝！）

姓　　名：＿＿＿＿＿＿＿＿＿＿　年齡：＿＿＿＿＿　性別：□女　□男

郵遞區號：□□□□□

地　　址：＿＿＿＿＿＿＿＿＿＿＿＿＿＿＿＿＿＿＿＿＿＿＿

聯絡電話：(日) ＿＿＿＿＿＿＿＿＿＿　(夜) ＿＿＿＿＿＿＿＿＿＿

E-mail：＿＿＿＿＿＿＿＿＿＿＿＿＿＿＿＿＿＿＿＿＿＿＿